财务会计实训
单据簿

单 据 目 录

项目1　往来会计岗位实训 ··· 1
任务1.1　应收账款会计处理 ··· 1
【业务 1.1.1】 ··· 1
【业务 1.1.2】 ··· 2
【业务 1.1.3】 ··· 3
【业务 1.1.5】 ··· 4
【业务 1.1.6】 ··· 5
任务1.2　应收票据会计处理 ··· 5
【业务 1.2.1】 ··· 5
【业务 1.2.2】 ··· 7
【业务 1.2.3】 ··· 8
【业务 1.2.4】 ··· 9
【业务 1.2.5】 ··· 10
任务1.3　其他资金往来业务会计处理（1） ·· 10
【业务 1.3.1】 ··· 10
【业务 1.3.2】 ··· 11
【业务 1.3.3】 ··· 11
【业务 1.3.4】 ··· 11
任务1.4　应付账款会计处理 ··· 12
【业务 1.4.1】 ··· 12
【业务 1.4.2】 ··· 14
任务1.5　应付票据会计处理 ··· 15
【业务 1.5.1】 ··· 15
【业务 1.5.2】 ··· 17
【业务 1.5.3】 ··· 17
【业务 1.5.4】 ··· 18
任务1.6　其他资金往来业务会计处理（2） ·· 18
【业务 1.6.1】 ··· 18
【业务 1.6.2】 ··· 19

· I ·

【业务 1.6.3】 19
　　【业务 1.6.4】 21
任务 1.7　核对往来款项明细账与总账 22
　　【业务 1.7.1】 22
　　【业务 1.7.2】 24
　　【业务 1.7.3】 25
　　【业务 1.7.4】 27
　　【业务 1.7.5】 28
　　【业务 1.7.6】 29
　　【业务 1.7.7】 31
任务 1.8　期末往来款项对方单位核对 32
　　【业务 1.8.1】 32
　　【业务 1.8.2】 33
　　【业务 1.8.3】 34
　　【业务 1.8.4】 35
　　【业务 1.8.5】 36
　　【业务 1.8.6】 37

项目 2　材料会计岗位实训 38
任务 2.1　材料取得核算(实际成本法) 38
　　【业务 2.1.1】 38
　　【业务 2.1.2】 40
　　【业务 2.1.3】 41
　　【业务 2.1.4】 42
　　【业务 2.1.6】 42
　　【业务 2.1.7】 43
　　【业务 2.1.8】 44
　　【业务 2.1.9】 44
　　【业务 2.1.10】 45
　　【业务 2.1.11】 46
　　【业务 2.1.12】 47
　　【业务 2.1.13】 47
　　【业务 2.1.14】 49
　　【业务 2.1.15】 49
任务 2.2　材料发出核算(实际成本法) 50
　　【业务 2.2.1】 50
　　【业务 2.2.2】 51
　　【业务 2.2.3】 51
　　【业务 2.2.4】 53

任务 2.3 材料取得核算（计划成本法） ·· 53
　　【业务 2.3.1】 ··· 53
　　【业务 2.3.2】 ··· 55
　　【业务 2.3.3】 ··· 57
　　【业务 2.3.4】 ··· 57
　　【业务 2.3.6】 ··· 58
任务 2.4 材料发出核算（计划成本法） ·· 59
　　【业务 2.4.1】 ··· 59
　　【业务 2.4.2】 ··· 60
　　【业务 2.4.3】 ··· 60
任务 2.5 周转材料核算 ·· 61
　　【业务 2.5.1】 ··· 61
　　【业务 2.5.2】 ··· 63
　　【业务 2.5.3】 ··· 63
任务 2.6 材料的清查核算 ·· 64
　　【业务 2.6.2】 ··· 64
　　【业务 2.6.4】 ··· 64
任务 2.7 材料的期末计量与核算 ·· 65
　　【业务 2.7.1】 ··· 65
　　【业务 2.7.2】 ··· 65

项目 3 固定资产会计岗位实训 ·· 66

任务 3.1 外购固定资产核算 ·· 66
　　【业务 3.1.1】 ··· 66
　　【业务 3.1.2】 ··· 67
　　【业务 3.1.3】 ··· 68
任务 3.2 自建固定资产核算 ·· 69
　　【业务 3.2.1】 ··· 69
　　【业务 3.2.2】 ··· 70
　　【业务 3.2.3】 ··· 71
　　【业务 3.2.4】 ··· 71
　　【业务 3.2.5】 ··· 72
　　【业务 3.2.6】 ··· 72
　　【业务 3.2.7】 ··· 73
　　【业务 3.2.8】 ··· 74
任务 3.3 其他方式取得固定资产的核算 ·· 74
　　【业务 3.3.1】 ··· 74
　　【业务 3.3.2】 ··· 75
　　【业务 3.3.3】 ··· 76

任务 3.4　固定资产出售的核算 ·· 77
　　【业务 3.4.2】··· 77
　　【业务 3.4.3】··· 77
任务 3.5　固定资产报废的核算 ·· 78
　　【业务 3.5.2】··· 78
　　【业务 3.5.3】··· 78
任务 3.6　固定资产毁损的核算 ·· 79
　　【业务 3.6.2】··· 79
　　【业务 3.6.3】··· 79
　　【业务 3.6.4】··· 80
任务 3.7　固定资产盘亏的核算 ·· 80
　　【业务 3.7.1】··· 80
　　【业务 3.7.2】··· 80
任务 3.8　固定资产折旧的核算 ·· 81
　　【业务 3.8.1】··· 81
　　【业务 3.8.2】··· 81
　　【业务 3.8.3】··· 81
　　【业务 3.8.4】··· 82
　　【业务 3.8.5】··· 82
任务 3.9　固定资产期末计价核算 ·· 82
　　【业务 3.9.1】··· 82

项目 4　投资核算会计岗位实训　　84

任务 4.1　交易性金融资产(股票投资) ······································ 84
　　【业务 4.1.1】··· 84
　　【业务 4.1.2】··· 85
　　【业务 4.1.3】··· 86
　　【业务 4.1.4】··· 86
任务 4.2　交易性金融资产(债券投资) ······································ 87
　　【业务 4.2.1】··· 87
　　【业务 4.2.2】··· 88
　　【业务 4.2.3】··· 89
　　【业务 4.2.4】··· 89
　　【业务 4.2.5】··· 89
　　【业务 4.2.6】··· 90
　　【业务 4.2.7】··· 90
　　【业务 4.2.8】··· 90
　　【业务 4.2.9】··· 91
任务 4.3　持有至到期投资(利息按年计提并发放) ·················· 91

【业务 4.3.1】 91
　　【业务 4.3.2】 92
　　【业务 4.3.3】 93
　　【业务 4.3.4】 93
　　【业务 4.3.5】 93
　　【业务 4.3.6】 94
　　【业务 4.3.7】 94
　　【业务 4.3.8】 94
任务 4.4　持有至到期投资（利息按年计提一次归还） 95
　　【业务 4.4.1】 95
　　【业务 4.4.2】 96
　　【业务 4.4.3】 96
　　【业务 4.4.4】 97
　　【业务 4.4.5】 97
任务 4.5　可供出售金融资产（股票投资） 98
　　【业务 4.5.1】 98
　　【业务 4.5.2】 99
　　【业务 4.5.6】 100
　　【业务 4.5.7】 101
任务 4.6　可供出售金融资产（债券投资） 102
　　【业务 4.6.5】 102
任务 4.7　长期股权投资取得核算 102
　　【业务 4.7.1】 102
　　【业务 4.7.2】 103
　　【业务 4.7.3】 103
　　【业务 4.7.4】 104
　　【业务 4.7.5】 105
任务 4.8　长期股权投资的后续计量（成本法） 106
　　【业务 4.8.1】 106
任务 4.9　长期股权投资的后续计量（权益法） 107
　　【业务 4.9.1】 107
　　【业务 4.9.2】 108
　　【业务 4.9.3】 109
　　【业务 4.9.4】 110
任务 4.10　投资核算 110
　　【业务 4.10.1】 110
　　【业务 4.10.2】 111
　　【业务 4.10.4】 111
　　【业务 4.10.5】 112

【业务 4.10.6】 ··· 112
　　　【业务 4.10.9】 ··· 113
　　　【业务 4.10.10】 ··· 113
　　　【业务 4.10.11】 ··· 114
　　　【业务 4.10.12】 ··· 115
　　　【业务 4.10.14】 ··· 115
　　　【业务 4.10.15】 ··· 116
　　　【业务 4.10.17】 ··· 116

项目 5　薪酬会计岗位实训 ··· 117
　任务 5.1　工资、奖金、津贴核算 ··· 117
　　　【业务 5.1.1】 ··· 117
　　　【业务 5.1.2】 ··· 117
　任务 5.2　工资、奖金、津贴等的账务处理 ··· 118
　　　【业务 5.2.1】 ··· 118
　　　【业务 5.2.4】 ··· 118
　任务 5.3　职工福利费的核算 ·· 119
　　　【业务 5.3.1】 ··· 119
　　　【业务 5.3.2】 ··· 119
　任务 5.4　社会保险费的核算 ·· 120
　　　【业务 5.4.1】 ··· 120
　　　【业务 5.4.2】 ··· 121
　　　【业务 5.4.3】 ··· 121
　任务 5.5　住房公积金的核算 ·· 122
　　　【业务 5.5.1】 ··· 122
　　　【业务 5.5.2】 ··· 122
　　　【业务 5.5.3】 ··· 123
　任务 5.6　工会经费的核算 ··· 123
　　　【业务 5.6.1】 ··· 123
　　　【业务 5.6.2】 ··· 123
　任务 5.7　职工教育经费的核算 ··· 124
　　　【业务 5.7.1】 ··· 124
　　　【业务 5.7.2】 ··· 124
　任务 5.8　非货币性福利的核算 ··· 125
　　　【业务 5.8.1】 ··· 125
　　　【业务 5.8.3】 ··· 126
　任务 5.9　辞退福利的核算 ··· 126
　　　【业务 5.9.1】 ··· 126
　　　【业务 5.9.2】 ··· 127

任务 5.10　薪酬会计岗位综合实训 ·· 127
　　【业务 5.10.1】 ··· 127
　　【业务 5.10.3】 ··· 128
　　【业务 5.10.4】 ··· 129
　　【业务 5.10.5】 ··· 129
　　【业务 5.10.6】 ··· 130
　　【业务 5.10.7】 ··· 130
　　【业务 5.10.8】 ··· 130

项目 6　资本资金会计岗位实训 ·· 131

任务 6.1　短期借款的核算 ··· 131
　　【业务 6.1.1】 ··· 131
　　【业务 6.1.3】 ··· 131
　　【业务 6.1.6】 ··· 132
　　【业务 6.1.7】 ··· 132

任务 6.2　长期借款的核算 ··· 133
　　【业务 6.2.1】 ··· 133
　　【业务 6.2.3】 ··· 134
　　【业务 6.2.4】 ··· 134
　　【业务 6.2.5】 ··· 135
　　【业务 6.2.6】 ··· 135
　　【业务 6.2.7】 ··· 136
　　【业务 6.2.8】 ··· 136
　　【业务 6.2.9】 ··· 137
　　【业务 6.2.10】 ··· 137

任务 6.3　应付债券的核算 ··· 138
　　【业务 6.3.1】 ··· 138
　　【业务 6.3.2】 ··· 139
　　【业务 6.3.3】 ··· 139
　　【业务 6.3.4】 ··· 140
　　【业务 6.3.5】 ··· 141
　　【业务 6.3.6】 ··· 142
　　【业务 6.3.7】 ··· 143
　　【业务 6.3.8】 ··· 144
　　【业务 6.3.9】 ··· 144
　　【业务 6.3.10】 ··· 145

任务 6.4　吸收直接投资的核算 ·· 145
　　【业务 6.4.1】 ··· 145
　　【业务 6.4.2】 ··· 146

【业务 6.4.3】 147
　　　【业务 6.4.4】 148
　任务 6.5　发行股票的核算 149
　　　【业务 6.5.1】 149
　　　【业务 6.5.2】 150
　　　【业务 6.5.4】 151
　任务 6.6　其他资本资金事项的核算 152
　　　【业务 6.6.1】 152
　　　【业务 6.6.2】 153
　　　【业务 6.6.3】 153
　　　【业务 6.6.4】 154
　　　【业务 6.6.5】 155
　任务 6.7　资本资金核算 156
　　　【业务 6.7.1】 156
　　　【业务 6.7.2】 157
　　　【业务 6.7.3】 157
　　　【业务 6.7.4】 158
　　　【业务 6.7.5】 159
　　　【业务 6.7.6】 159
　　　【业务 6.7.7】 160
　　　【业务 6.7.8】 161
　　　【业务 6.7.9】 161
　　　【业务 6.7.10】 162
　　　【业务 6.7.11】 162
　　　【业务 6.7.12】 163

项目 7　费用会计岗位实训 **165**

　任务 7.1　管理费用核算 165
　　　【业务 7.1.1】 165
　　　【业务 7.1.2】 166
　　　【业务 7.1.3】 168
　　　【业务 7.1.4】 169
　　　【业务 7.1.6】 169
　　　【业务 7.1.7】 169
　　　【业务 7.1.8】 169
　　　【业务 7.1.9】 170
　任务 7.2　外购固定资产核算 170
　　　【业务 7.2.3】 170
　　　【业务 7.2.4】 171

任务 7.3　销售费用核算 ··· 171
　　【业务 7.3.1】·· 171
　　【业务 7.3.2】·· 173
　　【业务 7.3.3】·· 173
　　【业务 7.3.5】·· 174
　　【业务 7.3.6】·· 175
　　【业务 7.3.7】·· 175
任务 7.4　期间费用核算 ··· 175
　　【业务 7.4.1】·· 175
　　【业务 7.4.2】·· 176
　　【业务 7.4.3】·· 177
　　【业务 7.4.4】·· 177
　　【业务 7.4.5】·· 178
　　【业务 7.4.6】·· 178
　　【业务 7.4.7】·· 179
　　【业务 7.4.8】·· 180

项目 8　财务成果核算会计岗位实训 ··· 182

任务 8.1　外购固定资产核算 ··· 182
　　【业务 8.1.1】·· 182
　　【业务 8.1.2】·· 183
　　【业务 8.1.3】·· 184
　　【业务 8.1.4】·· 185
　　【业务 8.1.5】·· 186
　　【业务 8.1.6】·· 187
任务 8.2　营业成本核算 ··· 187
　　【业务 8.2.1】·· 187
　　【业务 8.2.2】·· 188
　　【业务 8.2.3】·· 188
　　【业务 8.2.4】·· 188
任务 8.3　税金及附加的核算 ··· 189
　　【业务 8.3.1】·· 189
　　【业务 8.3.2】·· 189
　　【业务 8.3.3】·· 189
任务 8.4　其他与利润相关项目的核算 ··· 190
　　【业务 8.4.1】·· 190
　　【业务 8.4.2】·· 190
　　【业务 8.4.3】·· 191
　　【业务 8.4.4】·· 191

　　　　【业务 8.4.5】 ····· 192
　　　　【业务 8.4.6】 ····· 192
　　　　【业务 8.4.7】 ····· 192
　　任务 8.5　利润形成核算 ····· 193
　　　　【业务 8.5.1】 ····· 193
　　　　【业务 8.5.2】 ····· 193
　　　　【业务 8.5.3】 ····· 193
　　　　【业务 8.5.4】 ····· 193
　　任务 8.6　利润分配核算 ····· 193
　　　　【业务 8.6.3】 ····· 193

项目 9　财务报告岗位实训 ····· **194**
　　任务 9.1　资产负债表的编制 ····· 194
　　　　【业务 9.1.1】 ····· 194
　　　　【业务 9.1.2】 ····· 195
　　任务 9.2　利润表的编制 ····· 195
　　　　【业务 9.2.1】 ····· 195
　　　　【业务 9.2.2】 ····· 196
　　任务 9.3　现金流量表的编制 ····· 196
　　　　【业务 9.3.1】 ····· 196
　　任务 9.4　财务报告 ····· 199
　　　　【业务 9.4.1】 ····· 199
　　　　【业务 9.4.2】 ····· 201

项目 10　稽核岗位实训 ····· **202**
　　任务 10.1　原始凭证稽核 ····· 202
　　　　【业务 10.1.1】 ····· 202
　　　　【业务 10.1.2】 ····· 203
　　　　【业务 10.1.3】 ····· 205
　　　　【业务 10.1.4】 ····· 207
　　　　【业务 10.1.5】 ····· 208
　　任务 10.2　记账凭证稽核 ····· 209
　　　　【业务 10.2.1】 ····· 209
　　　　【业务 10.2.2】 ····· 211
　　　　【业务 10.2.3】 ····· 213
　　任务 10.3　明细账稽核 ····· 214
　　　　【业务 10.3.1】 ····· 214
　　　　【业务 10.3.2】 ····· 216
　　　　【业务 10.3.3】 ····· 218

【业务 10.3.4】 ································· 220
任务 10.4　总账稽核 ································· 222
　　【业务 10.4.1】 ································· 222
　　【业务 10.4.2】 ································· 224
　　【业务 10.4.3】 ································· 225
　　【业务 10.4.4】 ································· 227
　　【业务 10.4.5】 ································· 228
任务 10.5　财务报表的稽核 ··························· 229
　　【业务 10.5.1】 ································· 229
　　【业务 10.5.2】 ································· 231

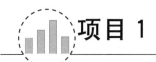 项目 1

往来会计岗位实训

任务 1.1 应收账款会计处理

【业务 1.1.1】

金陵钱多多家具有限公司
销售单   NO.00256987

地址：金陵市玄武区中山路88号
电话：0688-86615898   邮编：200021

客户名称：上海美新商贸有限公司
地址电话：上海市中山北路155号 021-50196666   日期：2017年01月03日

编码	产品名称	规格	单位	单价	数量	金额	备注
01	家具		套	234.00	500	117000.00	
人民币(大写)：壹拾壹万柒仟元整						￥117000.00	

销售经理：李林 会计：张雯 仓管：周白 签收人：张高丽 经办人：张慧

单据 1-1-1 销售单

出 库 单

出货单位：金陵钱多多家具有限公司   2017年01月03日   单号：6083418

提货单位或领货部门	上海美新商贸有限公司	销售单号	00256987	发出仓库	仓库一	出库日期	2017-01-03

编号	名称及规格	单位	数量(应发)	数量(实发)	单价	金额	备注
01	家具	套	500	500			
	合计						

部门经理：周白 会计：张雯 仓库：周白 经办人：张慧

单据 1-1-2 出库单

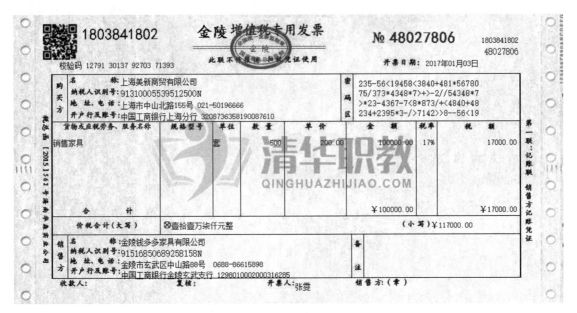

单据 1-1-3 增值税专用发票

【业务 1.1.2】

单据 1-1-4 业务回单

【业务 1.1.3】

金陵钱多多家具有限公司
销售单

NO.00256989

地址：金陵市玄武区中山路88号
电话：0688-86615898　　邮编：200021

客户名称：金陵易能达商贸有限公司
地址电话：金陵市海淀区上地路1号　0688-23425112
日期：2017年01月10日

编码	产品名称	规格	单位	单价	数量	金额	备注
02	家具		套	585.00	200	117000.00	
人民币(大写)：壹拾壹万柒仟元整						￥117000.00	

销售经理：李林　　会计：张雯　　仓管：周白　　签收人：陈飞　　经办人：张慧

会计联

单据 1-1-5　销售单

出 库 单

出货单位：金陵钱多多家具有限公司　　2017 年 01 月 10 日　　单号：6083420

提货单位或领货部门	销售部	销售单号	00256989	发出仓库	仓库一	出库日期	2017-01-10

编号	名称及规格	单位	数量 应发	数量 实发	单价	金额	备注
02	家具	套	200	200			
	合计						

部门经理：周白　　会计：张雯　　仓库：周白　　经办人：张慧

会计联

单据 1-1-6　出库单

单据1-1-7　增值税专用发票

【业务1.1.5】

单据1-1-8　业务回单

【业务 1.1.6】

单据 1-1-9　业务回单

任务 1.2　应收票据会计处理

【业务 1.2.1】

单据 1-2-1　销售单

出 库 单

出货单位：金陵钱多多家具有限公司　　2017 年 01 月 05 日　　单号：6083421

提货单位或领货部门	销售部		销售单号	00256990	发出仓库	仓库一		出库日期	2017-01-05	
编号	名称及规格	单位	数量		单价	金额	备注			会计联
			应发	实发						
02	办公桌	张	200	200						
		合计								

部门经理：周白　　会计：张雯　　仓库：周白　　经办人：张慧

单据 1-2-2　出库单

单据 1-2-3　增值税专用发票

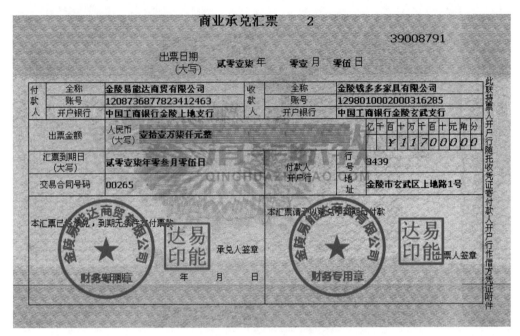

单据 1-2-4　商业承兑汇票

【业务 1.2.2】

单据 1-2-5　业务回单

【业务1.2.3】

金陵钱多多家具有限公司
销售单

NO.00256991

地址：金陵市玄武区中山路88号
电话：0688-86615898　邮编：200021

客户名称：上海奕新商贸有限公司
地址电话：上海中山花路155号 021-50196666
日期：2017年01月09日

编码	产品名称	规格	单位	单价	数量	金额	备注
03	办公椅		把	234.00	1000	234000.00	
人民币(大写)：贰拾叁万肆仟元整						￥234000.00	

销售经理：李林　　会计：张雯　　仓管：周白　　签收人：陈敬　　经办人：张慧

单据1-2-6　销售单

出 库 单

出货单位：金陵钱多多家具有限公司　　2017年01月09日　　单号：6083422

提货单位或领货部门	销售部	销售单号	00256991	发出仓库	仓库一	出库日期	2017-01-09

编号	名称及规格	单位	数量 应发	数量 实发	单价	金额	备注
03	办公椅	把	1000	1000			
	合计						

部门经理：周白　　会计：张雯　　仓库：周白　　经办人：张慧

单据1-2-7　出库单

单据 1-2-8 增值税专用发票

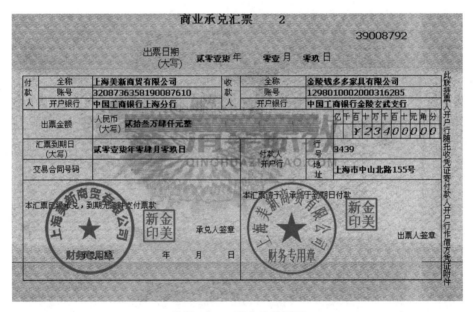

单据 1-2-9 商业承兑汇票

【业务 1.2.4】

利息计算表

年利率	带息票据利息
6%	234000×6%×3/12=3510

单据 1-2-10 利息计算表

【业务 1.2.5】

单据1-2-11　业务回单

任务1.3　其他资金往来业务会计处理(1)

【业务 1.3.1】

差旅费报销单　现金付讫

2017年01月15日　单据及附件共1张

所属部门	销售部			姓名	王玲	出差事由	培训		
出发		到达		起止地点		交通费	住宿费	伙食费	其他
月	日	月	日						
01	05	01	05	金陵-上海		200.00			
01	05	01	15	上海-上海			1,400.00	600.00	
01	15	01	15	上海-金陵		200.00			
合计	大写金额：贰仟肆佰元整				￥2,400.00	预支旅费	3,000.00	退回金额	600.00
								补付金额	

总经理：钱多多　财务经理：张丽　会计：张雯　出纳：李丽　部门经理：李林　报销人：王玲

单据1-3-1　差旅费报销单

【业务 1.3.2】

坏账准备计提表

计提时间	计提金额（元）
2017年1月31日	400000.00×5‰=2000.00

单据 1-3-2　坏账准备计提表

【业务 1.3.3】

坏账损失确认表

坏账确认时间	上期计提的坏账准备中不能收回的金额（元）
2017年2月2日	1000.00

单据 1-3-3　坏账损失确认表

【业务 1.3.4】

单据 1-3-4　业务回单

单据 1-3-5 进账单

任务 1.4 应付账款会计处理

【业务 1.4.1】

单据 1-4-1 销售单

单据1-4-2 入库单

单据1-4-3 增值税专用发票

【业务 1.4.2】

ICBC 中国工商银行 进账单(回 单) 2

2017 年 04 月 05 日　　　　　No

出票人	全称	金陵钱多多家具有限公司	收款人	全称	金陵日精进商贸有限公司
	账号	1298010002000316285		账号	1298010002000316234
	开户银行	中国工商银行金陵玄武支行		开户银行	中国工商银行金陵玄武支行

金额	人民币(大写)	壹拾壹万柒仟元整	亿千百十万千百十元角分 ¥11700000

票据种类	支票	票据张数	1
票据号码			

备注：

复核：　　　记账：　　　　　　　　　　开户银行签章

单据 1-4-4　进账单

单据 1-4-5　业务回单

任务1.5 应付票据会计处理

【业务1.5.1】

单据1-5-1 销售单

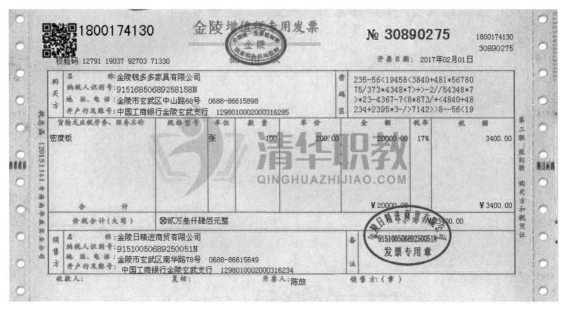

单据1-5-2 增值税专用发票

单据 1-5-3　入库单

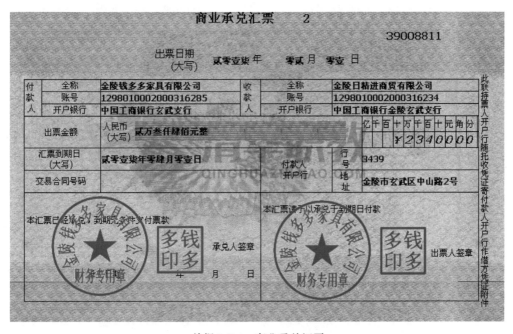

单据 1-5-4　商业承兑汇票

【业务 1.5.2】

托收凭证（付款通知）					5		
委托日期 2017 年 04 月 01 日				付款期限 2017 年 04 月 01 日			
业务类型	委托收款（□邮划、□电划）		托收承付（□邮划、☑电划）				
付款人	全称	金陵钱多多家具有限公司	收款人	全称	金陵日精进商贸有限公司		
	账号	1298010002000316285		账号	1298010002000316234		
	地址	省 金陵 市县 开户行 工商银行金陵玄武支行		地址	省 金陵 市县 开户行 工商银行金陵玄武支行		
金额	人民币（大写）	贰万叁仟肆佰元整			¥ 亿千百十万千百十元角分 　　　　2 3 4 0 0 0 0		
款项内容	货款		托收凭据名称	商业承兑汇票		附寄单证张数	1
商品发运情况	已发运			合同名称号码	#673849		
备注：			付款人注意： 1、根据支付结算方法，上列委托收款（托收承付）款项在付款期限内未提出拒付，即视为同意付款，以此代付款通知。 2、如需提出全部或部分拒付，应在规定期限内，将拒付理由书并附债务证明退交开户银行。				
付款人开户银行收到日期　年　月　日 复核　　　记账			付款人开户银行签章 　　　　　年　月　日				

单据 1-5-5　托收凭证

【业务 1.5.3】

应付票据利息计算表

年利率（%）	计提应付票据利息（元）
5	23400.00×5%×2/12=195.00

单据 1-5-6　应付票据利息计算表

【业务 1.5.4】

单据 1-5-7　业务回单

任务 1.6　其他资金往来业务会计处理(2)

【业务 1.6.1】

单据 1-6-1　业务回单

【业务 1.6.2】

单据 1-6-2 进账单

【业务 1.6.3】

单据 1-6-3 销售单

单据1-6-4 出库单

单据1-6-5 增值税专用发票

【业务 1.6.4】

单据 1-6-6　进账单

单据 1-6-7　业务回单

任务1.7 核对往来款项明细账与总账

【业务1.7.1】

2017年		凭证		摘要	√	借方	贷方	借或贷	余额
月	日	种类	号数			百十万千百十元角分	百十万千百十元角分		百十万千百十元角分
03	01			期初金额		3510000	0	借	3510000
03	31	月汇		本月合计		3510000	0	借	3510000
03	31	年汇		本年合计		3510000	0	借	3510000

一级科目：应收账款　　二级科目：上海美新商贸有限公司

单据1-7-1　应收账款明细账——美新商贸

2017年		凭证		摘要	√	借方	贷方	借或贷	余额
月	日	种类	号数			百十万千百十元角分	百十万千百十元角分		百十万千百十元角分
03	01			期初金额		3440000	0	借	3440000
03	31	付	34	偿还部分货款			3400000	借	40000
03	31	月汇		本月合计		3440000	3400000	借	40000
03	31	年汇		本年合计		3440000	3400000	借	40000

一级科目：应收账款　　二级科目：金陵积善行商贸有限公司

单据1-7-2　应收账款明细账——积善行

应收账款明细账

一级科目：应收账款　　二级科目：金陵宏鑫商贸有限公司

2017年		凭证		摘要	√	借方	贷方	借或贷	余额
月	日	种类	号数			百十万千百十元角分	百十万千百十元角分		百十万千百十元角分
03	01			期初金额		2 4 9 0 0 0 0	0	借	2 4 9 0 0 0 0
03	7	付	44	偿还货款			2 4 9 0 0 0 0	平	0
03	31	月汇		本月合计		2 4 9 0 0 0 0	2 4 9 0 0 0 0	平	0
03	31	年汇		本年合计		2 4 9 0 0 0 0	2 4 9 0 0 0 0	平	0

单据 1-7-3　应收账款明细账——宏鑫商贸

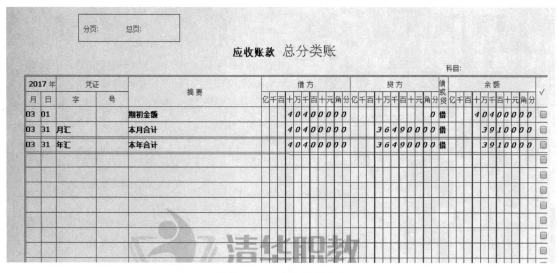

单据 1-7-4　应收账款总账

【业务 1.7.2】

应收票据明细账

分页:_____ 总页:_____

一级科目: 应收票据　　　二级科目: 上海美新商贸有限公司

2017年		凭证		摘要	√	借方	贷方	借或贷	余额
月	日	种类	号数			百十万千百十元角分	百十万千百十元角分		百十万千百十元角分
03	01			期初金额		3 5 0 0 0 0 0	0	借	3 5 0 0 0 0 0
03	31	月汇		本月合计		3 5 0 0 0 0 0	0	借	3 5 0 0 0 0 0
03	31	年汇		本年合计		3 5 0 0 0 0 0	0	借	3 5 0 0 0 0 0

单据 1-7-5　应收票据明细账——美新商贸

应收票据明细账

分页:_____ 总页:_____

一级科目: 应收票据　　　二级科目: 金陵积善行商贸有限公司

2017年		凭证		摘要	√	借方	贷方	借或贷	余额
月	日	种类	号数			百十万千百十元角分	百十万千百十元角分		百十万千百十元角分
03	01			期初金额		2 2 5 0 0 0 0	0	借	2 2 5 0 0 0 0
03	05	收	22	票据到期			2 2 5 0 0 0 0	平	0
03	31			本月合计		2 2 5 0 0 0 0	2 2 5 0 0 0 0	平	0
03	31			本年合计		2 2 5 0 0 0 0	2 2 5 0 0 0 0	平	0

单据 1-7-6　应收票据明细账——积善行

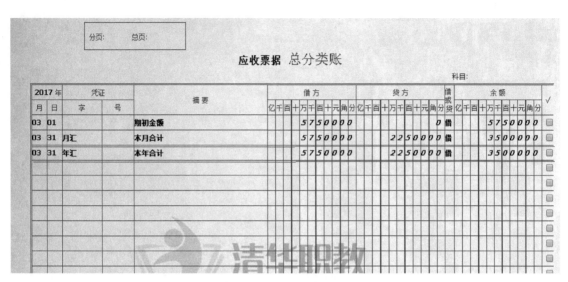

单据1-7-7 应收票据总账

【业务1.7.3】

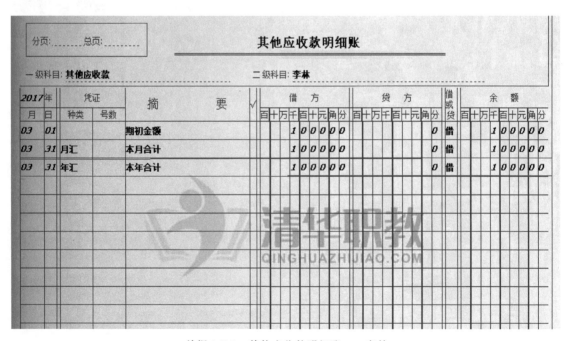

单据1-7-8 其他应收款明细账——李林

其他应收款明细账

一级科目：**其他应收款** 二级科目：**钱多多**

2017年		凭证		摘要	√	借方 百十万千百十元角分	贷方 百十万千百十元角分	借或贷	余额 百十万千百十元角分
月	日	种类	号数						
03	01			期初金额		2 0 0 0 0 0	0	借	2 0 0 0 0 0
03	09	收	4	收回欠款			2 0 0 0 0 0	平	0
03	31			本月合计		2 0 0 0 0 0	2 0 0 0 0 0	平	0
03	31			本年合计		2 0 0 0 0 0	2 0 0 0 0 0	平	0

单据 1-7-9 其他应收款明细账——钱多多

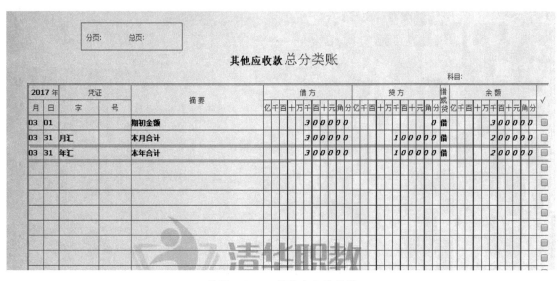

单据 1-7-10 其他应收款总账

【业务 1.7.4】

应付账款明细账

一级科目：应付账款　　二级科目：金陵积善行商贸有限公司

2017年		凭证		摘要	√	借方	贷方	借或贷	余额
月	日	种类	号数						
03	01			期初金额		0	647000	贷	647000
03	31	月汇		本月合计		0	647000	贷	647000
03	31	年汇		本年合计		0	647000	贷	647000

单据 1-7-11　应付账款明细账——积善行

应付账款明细账

一级科目：应付账款　　二级科目：金陵易能达商贸有限公司

2017年		凭证		摘要	√	借方	贷方	借或贷	余额
月	日	种类	号数						
03	01			期初金额		0	4000000	贷	4000000
03	05	转	12	购买商品		0	4400000	贷	8400000
03	31	月汇		本月合计		0	4400000	贷	8400000
03	31	年汇		本年合计		0	4400000	贷	8400000

单据 1-7-12　应付账款明细账——易能达

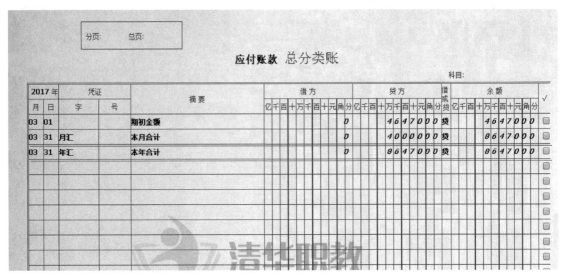

单据1-7-13 应付账款总账

【业务 1.7.5】

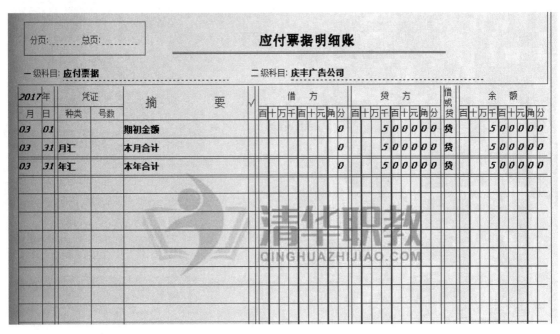

单据1-7-14 应付票据明细账——庆丰广告

单据 1-7-15　应付票据总账

【业务 1.7.6】

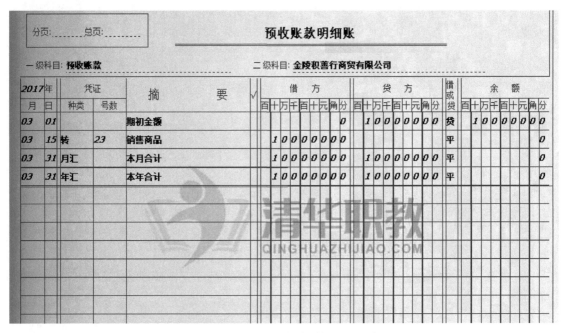

单据 1-7-16　预收账款明细账——积善行

预收账款明细账

一级科目：预收账款　　二级科目：上海美新商贸有限公司

2017年		凭证		摘要	√	借方	贷方	借或贷	余额
月	日	种类	号数			百十万千百十元角分	百十万千百十元角分		百十万千百十元角分
03	01			期初金额		0	8000000	贷	8000000
03	25	转	32	销售商品		6000000		贷	2000000
03	31	月汇		本月合计		6000000	8000000	贷	2000000
03	31	年汇		本年合计		6000000	8000000	贷	2000000

单据 1-7-17　预收账款明细账——美新商贸

预收账款 总分类账

2017年		凭证		摘要	借方	贷方	借或贷	余额	√
月	日	字	号		亿千百十万千百十元角分	亿千百十万千百十元角分		亿千百十万千百十元角分	
03	01			期初金额	0	18000000	贷	18000000	
03	31		月汇	本月合计	15000000	18000000	贷	3000000	
03	31		年汇	本年合计	15000000	18000000	贷	3000000	

单据 1-7-18　预收账款总账

【业务 1.7.7】

其他应付款明细账

一级科目：其他应付款　　二级科目：帝都日行一善商贸有限公司

2017年		凭证		摘要	√	借方	贷方	借或贷	余额
月	日	种类	号数			百十万千百十元角分	百十万千百十元角分		百十万千百十元角分
03	01			期初金额		0	200000	贷	200000
03	31	月汇		本月合计		0	200000	贷	200000
03	31	年汇		本年合计		0	200000	贷	200000

单据 1-7-19　其他应付款明细账——日行一善

其他应付款总分类账

科目：

2017年		凭证		摘要	借方	贷方	借或贷	余额	√
月	日	字	号		亿千百十万千百十元角分	亿千百十万千百十元角分		亿千百十万千百十元角分	
03	01			期初金额	0	200000		200000	
03	31	月汇		本月合计	0	200000		200000	
03	31	年汇		本年合计	0	200000		200000	

单据 1-7-20　其他应付款总账

任务1.8 期末往来款项对方单位核对

【业务1.8.1】

应收账款明细账

分页：_____ 总页：_____

一级科目：**应收账款**   二级科目：**上海美新商贸有限公司**

2017年		凭证		摘要	√	借方	贷方	借或贷	余额
月	日	种类	号数			百十万千百十元角分	百十万千百十元角分		百十万千百十元角分
03	01			期初金额		3 5 1 0 0 0 0	0	借	3 5 1 0 0 0 0
03	31	月汇		本月合计		3 5 1 0 0 0 0	0	借	3 5 1 0 0 0 0
03	31	年汇		本年合计		3 5 1 0 0 0 0	0	借	3 5 1 0 0 0 0

单据1-8-1 应收账款明细账——美新商贸

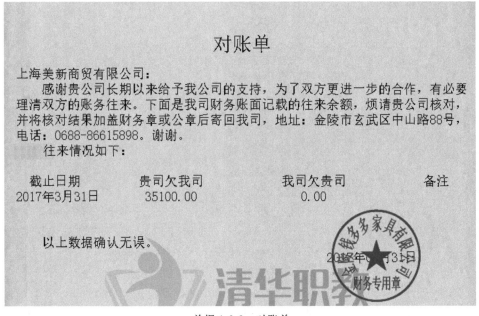

单据1-8-2 对账单

【业务 1.8.2】

2017年		凭证		摘要	√	借方	贷方	借或贷	余额
月	日	种类	号数						
03	01			期初金额		3500000	0	借	3500000
03	31	月汇		本月合计		3500000	0	借	3500000
03	31	年汇		本年合计		3500000	0	借	3500000

一级科目：应收票据　　二级科目：上海美新商贸有限公司

单据 1-8-3　应收票据明细账——美新商贸

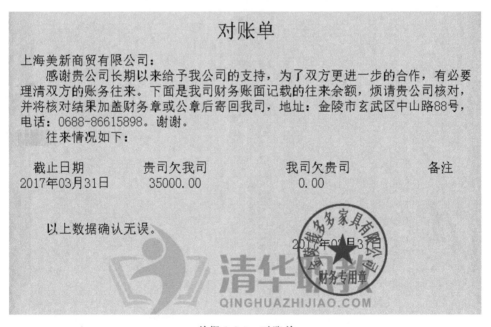

单据 1-8-4　对账单

【业务 1.8.3】

应付账款明细账

一级科目：应付账款　　　二级科目：金陵积善行商贸有限公司

2017年		凭证		摘要	√	借方	贷方	借或贷	余额
月	日	种类	号数						
03	01			期初金额		0	6470 00	贷	6470 00
03	31	月汇		本月合计		0	6470 00	贷	6470 00
03	31	年汇		本年合计		0	6470 00	贷	6470 00

单据 1-8-5　应付账款明细账——积善行

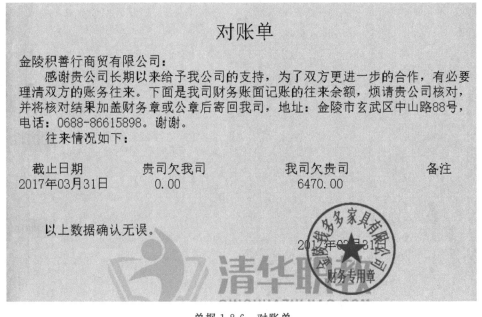

单据 1-8-6　对账单

【业务 1.8.4】

应付票据明细账

分页：＿＿＿＿ 总页：＿＿＿＿

一级科目：应付票据　　　二级科目：庆丰广告公司

2017年		凭证		摘要	√	借方	贷方	借或贷	余额
月	日	种类	号数						
03	01			期初余额		0	5000 00	贷	5000 00
03	31	月汇		本月合计		0	5000 00	贷	5000 00
03	31	年汇		本年合计		0	5000 00	贷	5000 00

单据 1-8-7　应付票据明细账——庆丰广告

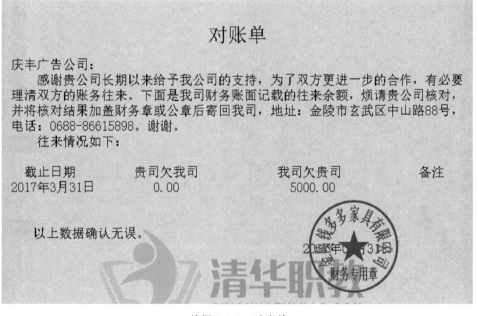

单据 1-8-8　对账单

【业务 1.8.5】

2017年		凭证		摘要	√	借方	贷方	借或贷	余额
月	日	种类	号数						
03	01			期初金额		0	10000000	贷	10000000
03	15	转	23	销售商品		10000000		平	0
03	31	月汇		本月合计		10000000	10000000	平	0
03	31	年汇		本年合计		10000000	10000000	平	0

一级科目：预收账款　　二级科目：金陵积善行商贸有限公司

单据 1-8-9　预收账款明细账——积善行

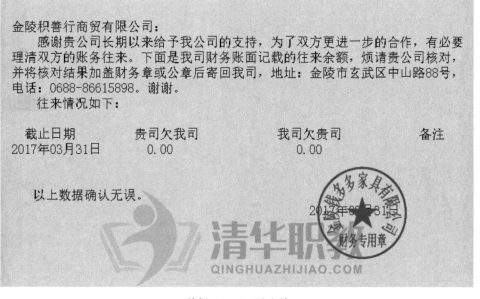

单据 1-8-10　对账单

【业务 1.8.6】

其他应付款明细账

分页：_____ 总页：_____

一级科目：其他应付款　　　　二级科目：帝都日行一善商贸有限公司

2017年		凭证		摘要	√	借方	贷方	借或贷	余额
月	日	种类	号数			百十万千百十元角分	百十万千百十元角分		百十万千百十元角分
03	01			期初金额		0	2000 00	贷	2000 00
03	31	月汇		本月合计		0	2000 00	贷	2000 00
03	31	年汇		本年合计		0	2000 00	贷	2000 00

单据 1-8-11　其他应付款明细账——日行一善

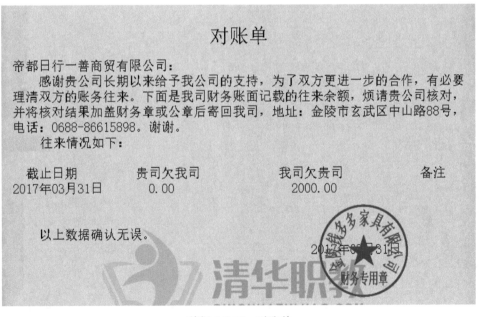

单据 1-8-12　对账单

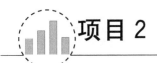

项目 2

材料会计岗位实训

任务 2.1　材料取得核算(实际成本法)

【业务 2.1.1】

单据 2-1-1　销售单

单据 2-1-2　入库单

单据 2-1-3　增值税专用发票

单据 2-1-4　业务回单

【业务 2.1.2】

上海美新商贸有限公司
销售单 NO.6807587

地址：上海中山北路155号
电话：021-50196666   邮编：200061

客户名称：金陵钱多多家具有限公司
地址电话：金陵市玄武区中山路88号 0688-86615898   日期：2017年04月18日

编码	产品名称	规格	单位	单价	数量	金额	备注
01	密度板		张	234.00	100	23400.00	
人民币(大写)：贰万叁仟肆佰元整						￥23400.00	

销售经理：张三   会计：李丽   仓管：王冯   签收人：张慧   经办人：王玲

单据 2-1-5　销售单

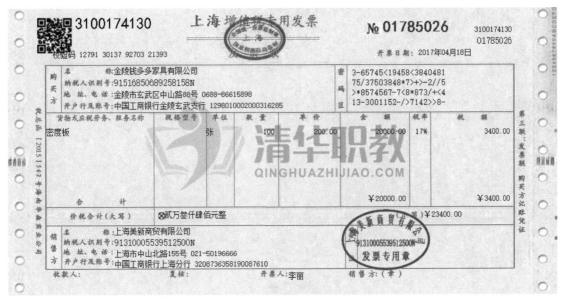

单据 2-1-6　增值税专用发票

单据 2-1-7　业务回单

【业务 2.1.3】

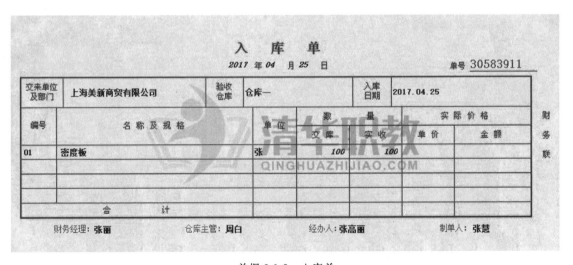

单据 2-1-8　入库单

【业务 2.1.4】

单据 2-1-9　入库单

【业务 2.1.6】

单据 2-1-10　销售单

单据 2-1-11　增值税专用发票

【业务 2.1.7】

单据 2-1-12　业务回单

【业务 2.1.8】

ICBC 中国工商银行 业务回单（付款）

日期：2017年 01月 11日 回单编号：1534910005
付款人户名：金陵钱多多家具有限公司
付款人账号（卡号）：1298010002000316285
付款人开户行：中国工商银行金陵玄武支行
收款人户名：金陵宏鑫商贸有限公司
收款人账号（卡号）：2340216492754012345
收款人开户行：中国农业银行金陵朝阳支行
金额：叁万伍仟壹佰元整　　小写：35100.00元
业务（产品）种类：结算卡业务　凭证种类：000000000　凭证号码：00000000000000000
摘要：购买材料　用途：
转账　　　　　　　　　　　　　币种：人民币
交易机构：0410000292　记账柜员：03741　交易代码：02108　渠道：柜面
产品名称：　　　　费用名称：
应收金额：35100.00　实收金额：35100.00　收费渠道：
本回单为第一次打印，注意重复　打印日期：2017年 01月 11日　打印柜员：9　验证码：0A87640EF006

单据 2-1-13　业务回单

【业务 2.1.9】

金陵宏鑫商贸有限公司
销售单

NO.582634

地址：金陵市高新区宝汉路94号
电话：0688-54720481　邮编：200021

客户名称：金陵钱多多家具有限公司
地址电话：金陵市玄武区中山路88号 0688-86615898

日期：2017年02月18日

编码	产品名称	规格	单位	单价	数量	金额	备注
01	密度板		张	585.00	60	35100.00	
人民币(大写)：叁万伍仟壹佰元整						￥35100.00	

业务联

销售经理：李思　会计：许松　仓管：张枫　签收人：张慧　经办人：王玲

单据 2-1-14　销售单

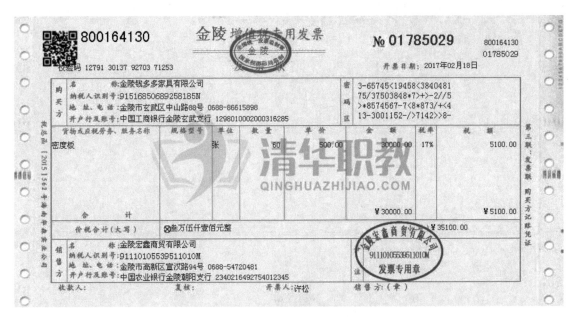

单据 2-1-15 增值税专用发票

【业务 2.1.10】

单据 2-1-16 入库单

【业务 2.1.11】

入库单

2017 年 03 月 10 日　　单号 30583912

交来单位及部门	上海美新商贸有限公司	验收仓库	仓库一	入库日期	2017.03.10	
编号	名称及规格	单位	数量 交库	数量 实收	实际价格 单价	实际价格 金额
023	密度板	张	600	600		
	合　计					

财务经理：张丽　　仓库主管：周白　　经办人：张高丽　　制单人：张雯

单据 2-1-17　入库单

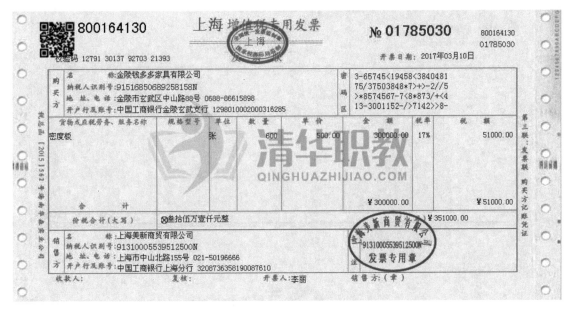

单据 2-1-18　增值税专用发票

【业务 2.1.12】

出　库　单

出货单位：金陵钱多多家具有限公司　　2017年03月18日　　单号：6083424

提货单位或领货部门	长安集团股份有限公司	销售单号		发出仓库	第一仓库	出库日期	2017.03.18
编号	名称及规格	单位	数量 应发 / 实发		单价	金额	备注
05	钢铁		5 / 5		6,000.00	30,000.00	加工钢铁板
	合计					30,000.00	

部门经理：周白　　会计：张雯　　仓库：周白　　经办人：张慧

单据 2-1-19　出库单

【业务 2.1.13】

单据 2-1-20　业务回单

单据 2-1-21　进账单

单据 2-1-22　增值税专用发票

【业务 2.1.14】

入 库 单

2017年 04月 16日　　　　　　　单号 2453224

交来单位及部门	长安集团股份有限公司		发票号码或生产单号码		验收仓库	第二仓库		入库日期	2017.04.16		会
编号	名称及规格		单位	数量		实际价格		计划价格		价格差异	计联
				交库	实收	单价	金额	单价	金额		
025	钢铁板		张	1000	1000	31.00	31,000.00				
	合　　计						31,000.00				
部门经理:张慧			会计:张雯			仓库:周白			经办人:张慧		

单据 2-1-23　入库单

【业务 2.1.15】

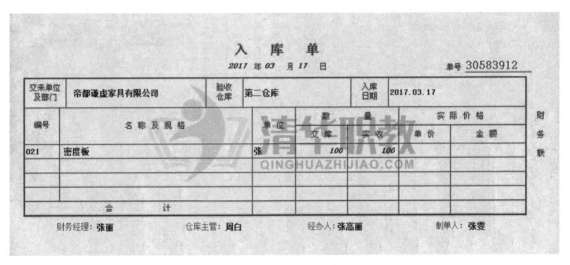

单据 2-1-24　入库单

单据 2-1-25　增值税专用发票

任务 2.2　材料发出核算（实际成本法）

【业务 2.2.1】

单据 2-2-1　领料单

【业务 2.2.2】

单据 2-2-2　领料单

【业务 2.2.3】

单据 2-2-3　销售单

出 库 单

出货单位：金陵钱多多家具有限公司　　2017年03月18日　　单号：6083451

提货单位或领货部门	上海美新商贸有限公司		销售单号	01772006	发出仓库	第一仓库	出库日期	2017.03.18
编号	名称及规格	单位	数量应发	数量实发	单价	金额	备注	
021	密度板	张	50	50				
	合计							

部门经理：周白　　会计：张雯　　仓库：周白　　经办人：张慧

单据 2-2-4　出库单

单据 2-2-5　增值税专用发票

【业务 2.2.4】

单据 2-2-6　出库单

任务 2.3　材料取得核算（计划成本法）

【业务 2.3.1】

单据 2-3-1　入库单

上海美新商贸有限公司
销售单

NO.6807203

地址：上海中山北路155号
电话：021-50196666　　邮编：200061

客户名称：金陵钱多多家具有限公司
地址电话：金陵市玄武区中山路88号 0688-86615898　　日期：2017年03月25日

编码	产品名称	规格	单位	单价	数量	金额	备注
01	密度板		张	295.43	20	5908.50	
人民币(大写)：伍仟玖佰零捌点伍元						￥5908.50	

销售经理：张三　　　会计：李丽　　　仓管：王冯　　　签收人：张慧　　　经办人：巩俐

单据 2-3-2　销售单

单据 2-3-3　增值税专用发票

单据 2-3-4 业务回单

【业务 2.3.2】

单据 2-3-5 销售单

单据 2-3-6 增值税专用发票

单据 2-3-7 业务回单

【业务 2.3.3】

交来单位及部门	金陵易能达商贸有限公司	发票号码或生产单号码	01470073	验收仓库	仓库一		入库日期	2017.06.18	
编号	名称及规格	单位	数量 交库	数量 实收	实际价格 单价	实际价格 金额	计划价格 单价	计划价格 金额	价格差异
021	密度板	张	50	50	196.00	9,800.00	200.00	10,000.00	-200.00
合计									

单号 2477421 日期 2017年06月18日

部门经理：周白　　会计：张雯　　仓库：张慧　　经办人：张高丽

单据 2-3-8　入库单

【业务 2.3.4】

交来单位及部门	上海美新商贸有限公司	发票号码或生产单号码		验收仓库	仓库一		入库日期	2017年05月31日	
编号	名称及规格	单位	数量 交库	数量 实收	实际价格 单价	实际价格 金额	计划价格 单价	计划价格 金额	价格差异
021	密度板	张	100	100			500.00	50,000.00	
合计									

单号 2477431 日期 2017年05月31日

部门经理：周白　　会计：张雯　　仓库：周白　　经办人：张慧

单据 2-3-9　入库单

【业务 2.3.6】

上海美新商贸有限公司
销售单

NO.6807303

地址：上海中山北路155号
电话：021-50196666　　邮编：200061

客户名称：金陵钱多多家具有限公司
地址电话：金陵市玄武区中山路88号　0688-86615898
日期：2017年06月03日

编码	产品名称	规格	单位	单价	数量	金额	备注
01	密度板		张	573.30	100	57330.00	
人民币（大写）：伍万柒仟叁佰叁拾元整						￥57330.00	

销售经理：张三　　会计：李丽　　仓管：王冯　　签收人：张慧　　经办人：李强

单据 2-3-10　销售单

单据 2-3-11　增值税专用发票

单据 2-3-12　业务回单

任务 2.4　材料发出核算(计划成本法)

【业务 2.4.1】

单据 2-4-1　领料单

【业务 2.4.2】

单据 2-4-2　领料单

【业务 2.4.3】

单据 2-4-3　材料成本差异明细账——密度板

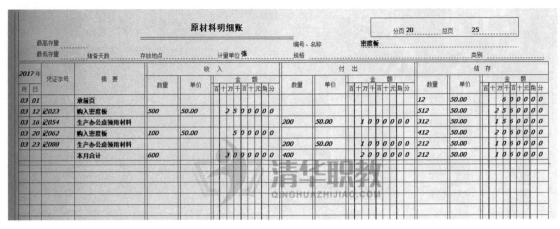

单据 2-4-4　原材料明细账——密度板

本月购进材料明细表

购进日期	实际单价	数量	实际金额	计划单价	数量	计划金额
2017年03月12日	48.00	500	24000.00	50.00	500	25000.00
2017年03月20日	53.00	100	5300.00	50.00	100	5000.00

单据 2-4-5　本月购进材料明细表

任务 2.5　周转材料核算

【业务 2.5.1】

单据 2-5-1　入库单

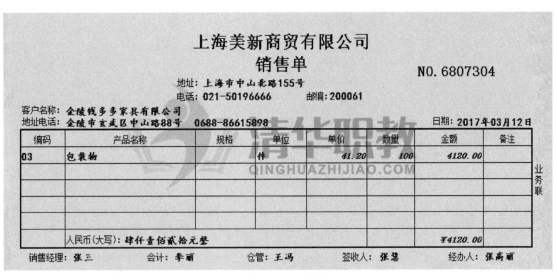

单据 2-5-2　销售单

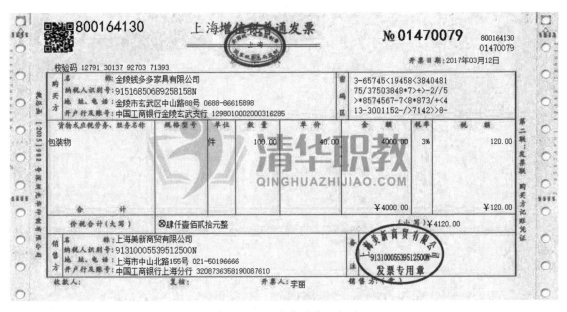

单据 2-5-3　增值税普通发票

单据 2-5-4 业务回单

【业务 2.5.2】

单据 2-5-5 领料单

【业务 2.5.3】

单据 2-5-6 领料单

任务 2.6 材料的清查核算

【业务 2.6.2】

总经理会议决议

2017年5月份材料盘点工作已顺利结束。清查盘点结果,发现由于计量误差多出螺丝,经总经理会议决定冲销管理费用。

总经理:钱多多
2017年06月15日

单据 2-6-1 会议决议

【业务 2.6.4】

总经理会议决议

2017年4月材料盘点工作已顺利结束。清查盘点结果,发现由于计量误差盘亏的高级润滑油,经总经理会议决议列为管理费用。

总经理:钱多多
2017年05月11日

单据 2-6-2 会议决议

任务 2.7　材料的期末计量与核算

【业务 2.7.1】

可变现净值计算表

项　目	金　额（元）
普通油漆的账面成本	50000
减：可变现净值	49500
加：存货跌价准备账户余额	0
本期应提跌价准备	500

单据 2-7-1　可变现净值计算表

【业务 2.7.2】

可变现净值表

项　目	金额（元）
普通油漆的账面成本	49500
减：可变现净值	50500
加：存货跌价准备账户上期期末余额	500
本期应提跌价准备	−500

单据 2-7-2　可变现净值表

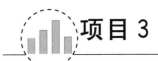

项目 3

固定资产会计岗位实训

任务 3.1 外购固定资产核算

【业务 3.1.1】

单据 3-1-1 增值税专用发票

单据 3-1-2 转账支票存根

单据 3-1-3 转账支票存根

【业务 3.1.2】

单据 3-1-4 增值税专用发票

单据 3-1-5 转账支票存根

单据 3-1-6 转账支票存根

【业务 3.1.3】

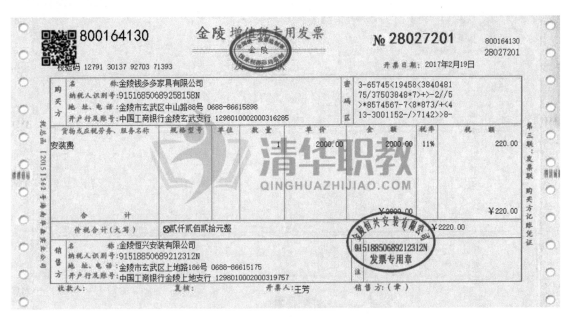

单据 3-1-7　增值税专用发票

单据 3-1-8　业务回单

任务 3.2　自建固定资产核算

【业务 3.2.1】

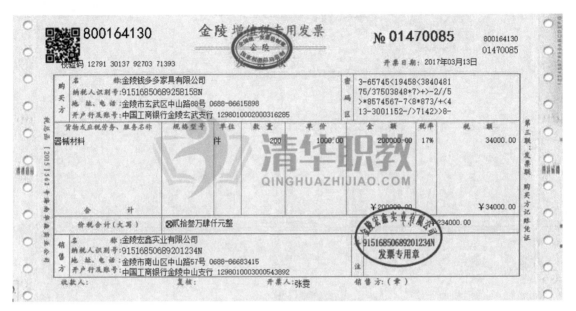

单据 3-2-1　增值税专用发票

单据 3-2-2　入库单

单据 3-2-3　转账支票存根

【业务 3.2.2】

单据 3-2-4　出库单

【业务 3.2.3】

出 库 单

出货单位：金陵钱多多家具有限公司　　2017 年 03 月 18 日　　单号：6083462

提货单位或领货部门	工程部门		销售单号		发出仓库	仓库一		出库日期	2017.03.18	
编号	名称及规格	单位	数量		单价	金额		备注		会计联
			应发	实发						
01	密度板	张	400	400	100.00	40,000.00				
	合计									

部门经理：周白　　会计：张雯　　仓库：张慧　　经办人：张高丽

单据 3-2-5　出库单

【业务 3.2.4】

工程人员工资结算表

项　目	数　值
生产工时（小时）	100000
分配率	0.5
应分配金额（元）	50000

单据 3-2-6　工程人员工资结算表

工程人员工资明细单

序号	姓名	基本工资	经常性奖金	总工资
01	张丽	3000	1000	4000
02	李丽	3000	1000	4000
03	张雯	3000	1000	4000
04	张高丽	3000	1000	4000
05	李奇	3000	1000	4000
06	陈华	3000	1000	4000
07	李林	3000	1000	4000
08	王玲	3000	1000	4000
09	张慧	3000	1000	4000
10	周白	3000	1000	4000
11	王源	3000	1000	4000
12	刘一凡	2000	1000	3000
13	宋英	2000	1000	3000
14	合计	37000	13000	50000

单据 3-2-7　工程人员工资明细单

【业务 3.2.5】

固定资产验收单
2017 年 04 月 05 日

资产编号	02012	资产名称	厂房		型号规格	
供应商名称						
购入日期			安装完成日期	2017年04月05日		
金额大写	叁拾叁万零捌佰元整		小写	￥330800.00		
验收结果	验收合格		验收日期	2017年04月05日		
采购部门			资产管理人			
使用部门	生产车间		财务审核			
备注：						

单据 3-2-8　固定资产验收单

【业务 3.2.6】

单据 3-2-9　进账单

单据 3-2-10　转账支票存根

【业务 3.2.7】

单据 3-2-11　进账单

单据 3-2-12　转账支票存根

【业务 3.2.8】

固定资产验收单

2017 年 05 月 29 日

资产编号	02013	资产名称	仓库	型号规格	
供应商名称					
购入日期			安装完成日期	2017年05月29日	
金额大写	伍拾万元整		小写	￥500000.00	
验收结果	验收合格		验收日期	2017年05月29日	
采购部门			资产管理人		
使用部门	生产车间		财务审核		
备注：					

单据 3-2-13　固定资产验收单

任务 3.3　其他方式取得固定资产的核算

【业务 3.3.1】

设备租赁合同（摘要）

甲方（以下称出租方）：金陵双木设备租赁有限公司
乙方（以下称承租方）：金陵钱多多家具有限公司
……
第八条　租赁经营期限为一年，自2017年1月1日至2017年12月31日。
……
第十条　租金定为1500元/月，于每月1日以银行存款支付。
……
第三十五条　本合同由出租方代表、承租方代表签字并经公证处公证。

出租方：金陵双木设备租赁有限公司
承租方：金陵钱多多家具有限公司

单据 3-3-1　设备租赁合同

单据 3-3-2　转账支票存根

【业务 3.3.2】

单据 3-3-3　转账支票存根

单据 3-3-4　增值税专用发票

单据 3-3-5　进账单

【业务 3.3.3】

投资协议书（摘要）

投出单位：金陵联发建筑有限公司
投入单位：金陵钱多多家具有限公司
……
　　第三条　金陵联发建筑有限公司以厂房作价50000元（不含税价），向金陵钱多多家具有限公司进行投资。
　　第四条　金陵联发建筑有限公司投资后占金陵钱多多家具有限公司新注册资本0.1%的份额。
　　第五条　金陵联发建筑有限公司必须在2017年6月20日前向金陵钱多多家具有限公司出资完毕。

2017年6月19日

单据 3-3-6　投资协议书

任务 3.4 固定资产出售的核算

【业务 3.4.2】

单据 3-4-1 进账单

【业务 3.4.3】

增值税计算表

项目	数值
计税金额（元）	120000
税率（%）	2
应交增值税	2400

单据 3-4-2 增值税计算表

任务 3.5　固定资产报废的核算

【业务 3.5.2】

单据 3-5-1　进账单

中国工商银行 进账单(贷方凭证)
2017 年 3 月 24 日
出票人全称：金陵废品收购站
账号：0200001009014412124
开户银行：中国银行金陵中山分行
收款人全称：金陵钱多多家具有限公司
账号：1298010002000316285
开户银行：中国工商银行金陵玄武支行
金额：人民币（大写）贰仟元整　¥2000.00
票据种类：转账支票　票据张数：1

【业务 3.5.3】

报废固定资产支出凭单

兹因清理报废数控车床，付给清理人王衍劳务费人民币叁佰伍拾元整。

领款人：王衍
经手人：陈辉

单据 3-5-2　报废固定资产支出凭单

任务 3.6　固定资产毁损的核算

【业务 3.6.2】

固定资产清理费用支出

兹因清理毁损仓库付给程志强清理劳务费人民币壹仟元整。

2017年6月15日

单据 3-6-1　固定资产清理费用支出说明

【业务 3.6.3】

入　库　单

2017 年 06 月 18 日　　　　　　　　　　　单号 30584001

交来单位及部门	名称及规格	验收仓库	单位	数量		实际价格		存根联
		第二仓库		交库	实收	单价	金额	
金陵钱多多家具有限公司						入库日期 2017.06.18		
编号	名称及规格							
07	残料		千克	100	100	50.00	5000.00	
	合　计							

财务经理：张丽　　仓库主管：周白　　经办人：张高丽　　制单人：张雯

单据 3-6-2　入库单

【业务 3.6.4】

欠据

平安财产保险公司欠金陵钱多多家具有限公司保险赔偿款壹拾伍万元整（150000.00）。

领收人：金陵钱多多家具有限公司

2017年6月20日

单据 3-6-3 欠据

任务 3.7 固定资产盘亏的核算

【业务 3.7.1】

盘点报告表

单位名称：金陵钱多多家具有限公司　　　　　　　　　　　　　　　　　　　　　　　　　　　　　　　　　2017年04月30日

编号	类别及名称	计量单位	单价	实存		账存		对比结果				备注
								盘亏		盘盈		
				数量	金额	数量	金额	数量	金额	数量	金额	
06	光谱检测仪	台	500000	3	1500000	4	2000000	1	500000			

单据 3-7-1 盘点报告表

【业务 3.7.2】

总经理会议决议

2017年4月固定资产盘点工作已顺利结束。清查盘点结果，发现由于被盗盘亏的设备，经总经理会议决定列为营业外支出。

总经理：钱多多

2017年5月15日

单据 3-7-2 会议决议

任务 3.8 固定资产折旧的核算

【业务 3.8.1】

折旧计算表

项目	数值
年初固定资产净值（元）	100000
年折旧率（%）	19.6
年折旧额（元）	19600
月折旧额（元）	1633.33

单据 3-8-1　折旧计算表

【业务 3.8.2】

折旧计算表

项目	数值
固定资产原值（元）	100000
预计净残值（元）	5000
2月工作量（公里）	5000
总工作量（公里）	400000
2月应计提的折旧额（元）	(100000−5000)×5000/400000=1187.5

单据 3-8-2　折旧计算表

【业务 3.8.3】

折旧计算表

年次	折旧基数（元）	折旧率	年折旧额（元）	累计折旧（元）
1	196000	5/15	65333.33	65333.33
2	196000	4/15	52666.67	117600.00
3	196000	3/15	39200.00	156800.00
4	196000	2/15	26133.33	182933.33
5	196000	1/15	13066.67	19600.00

单据 3-8-3　折旧计算表

【业务 3.8.4】

折旧计算表

年次	折旧基数	折旧率	年折旧额	累计折旧
1	196000	5/15	65333.33	65333.33
2	196000	4/15	52666.67	117600.00
3	196000	3/15	39200.00	156800.00
4	196000	2/15	26133.33	182933.33
5	196000	1/15	13066.67	196000.00

单据 3-8-4 折旧计算表

【业务 3.8.5】

折旧计算表

年次	折旧基数（元）	折旧率	年折旧额（元）	累计折旧（元）	账面净值（元）
0					40000
1	40000	40%	16000	16000	24000
2	24000	40%	9600	25600	14400
3	14400	40%	5760	31360	8640
4	8640	直线法	3920	35280	4720
5	4720	直线法	3920	39200	800

单据 3-8-5 折旧计算表

任务 3.9 固定资产期末计价核算

【业务 3.9.1】

盘点报告表

单位名称：金陵钱多多家具有限公司　　　　　　　　　　　　　　　　　　　　　2017 年 4 月 30 日

编号	类别及名称	计量单位	单价	实存		账存		对比结果				备注
								盘亏		盘盈		
				数量	金额	数量	金额	数量	金额	数量	金额	
	办公设备	台	4000	3	12000	4	16000			1	4000	

单据 3-9-1 盘点报告表

固定资产减值准备计算表

项 目	金额（元）
机床账面原值	500000
已提折旧	100000
已提减值准备	12000
账面价值	388000
可收回金额	380000
应提减值准备	8000（388000－380000）

单据 3-9-2　固定资产减值准备计算表

项目 4

投资核算会计岗位实训

任务 4.1 交易性金融资产（股票投资）

【业务 4.1.1】

成交过户交割凭单

股票编号：000488	成交证券：上海美新
电脑编号：6655144	成交数量：200000
公司代号：6652	成交价格：10.50
申请编号：669852	成交金额：2100000.00
申报时间：10：30	标准佣金：1000.00
成交时间：10：32	过户费用：1.00
上次余额：0股	印花税：3000.00
本次成交：200000股	应付金额：2104001.00
本次余额：200000股	最终余额：
附加费用：4001.00	实付金额：2104001.00

单据 4-1-1 交割凭单

单据 4-1-2 进账单

单据 4-1-3　转账支票存根

【业务 4.1.2】

单据 4-1-4　进账单

单据 4-1-5　转账支票存根

【业务 4.1.3】

中国工商银行 进账单(收账通知)

2017年03月23日 No 3

出票人	全称	上海美新商贸有限公司	收款人	全称	金陵钱多多家具有限公司
	账号	3208736358190087610		账号	1298010002000316285
	开户银行	中国工商银行上海分行		开户银行	中国工商银行金陵玄武支行

金额	人民币(大写)	拾万元整	亿千百十万千百十元角分 ¥100000 00

票据种类	转账支票	票据张数	1
票据号码			
备注			

复核：　　记账：　　收款人开户银行签章

（盖章：中国工商银行股份有限公司 金陵玄武支行 业务专用章 850FBCEF0014）

单据 4-1-6　进账单

公允价值变动损益计算表

投资项目	持有股(份)数	单位市价（元）	账面成本（元）	市价总额（元）	公允价值变动损益（元）
上海美新	200000	12.00	2000000.00元	2400000.00元	400000.00元
合计	200000	12.00	2000000.00	2400000.00	400000.00

单据 4-1-7　损益计算表

【业务 4.1.4】

股票成交过户交割单

买卖类别：出售股票	成交日期：2017年04月03日
股东代码：6652	股东姓名：金陵钱多多家具有限公司
资金账号：102374329874	合同号码：DF123090
股票名称：上海美新	委托日期：2017年04月03日
成交号码：555555	成交时间：10：50
成交股数：200000股	本次余额：
成交价格：14元/股	成交金额：2800000.00元
手续费：5600.00元	印花税：2800.00元
过户费：1101.00元	其他收费：
收付金额：2790499.00元	上次余额：
本次余额：	

单据 4-1-8　过户交割单

单据 4-1-9　进账单

任务 4.2　交易性金融资产（债券投资）

【业务 4.2.1】

单据 4-2-1　转账支票存根

单据 4-2-2　转账支票存根

单据 4-2-3　进账单

单据 4-2-4　进账单

【业务 4.2.2】

单据 4-2-5　进账单

【业务 4.2.3】

公允价值变动损益计算表

投资项目	持有股（份）数	单位市价（元）	账面成本（元）	市价总额（元）	公允价值变动损益（元）
上海美新	5000	115.00	500000.00	575000.00	75000.00
合计	5000	115.00	500000.00	575000.00	75000.00

单据 4-2-6　公允价值变动损益计算表

【业务 4.2.4】

利息计算表

债券面值（元）	票面年利率（%）	付息次数	每半年利息（元）
500000	4	每年两次	500000×4%÷2=10000

单据 4-2-7　利息计算表

【业务 4.2.5】

单据 4-2-8　进账单

【业务 4.2.6】

公允价值变动损益计算表

投资项目	持有股（份）数	单位市价（元）	账面成本（元）	市价总额（元）	公允价值变动损益（元）
上海美新债券	5000	101.00	575000.00	505000.00	-70000.00
合计	5000	101.00	575000.00	505000.00	-70000.00

单据 4-2-9　公允价值变动损益计算表

【业务 4.2.7】

利息计算表

债券面值（元）	票面年利率（%）	付息次数	每半年利息（元）
500000	4	每年两次	500000×4%÷2=10000

单据 4-2-10　利息计算表

【业务 4.2.8】

单据 4-2-11　进账单

【业务 4.2.9】

中国工商银行 进账单(收账通知)3
2018年07月05日

出票人	全称	兴业证券交易所	收款人	全称	金陵钱多多家具有限公司
	账号	4100055556230021111		账号	1298010002000316285
	开户银行	中国银行滨北分行		开户银行	中国工商银行金陵玄武支行

金额 人民币(大写) 伍拾捌万伍仟元整 ￥5850000.00

票据种类 转账支票　票据张数 1

单据 4-2-12　进账单

任务 4.3　持有至到期投资（利息按年计提并发放）

【业务 4.3.1】

债券认购委托书

联系电话：0688-86615898　　　　联系人：钱多多
单位：金陵钱多多家具有限公司
方案 1 认领额：
方案 2 认领额：　10600000.00
合　　　计：　10600000.00
备注：含已到付息期但尚未支付的利息600000元
方案2是指信托投资有限责任公司"2014年国债发行说明"中的方案2，即发行手续费为20万元，变现价格以理论价格确定，购买金山煤业有限公司证券，购入债券的面值为1000万元，2013年1月1日发行的债券，每年1月6日支付上年度的利息。
收益=面值×6%×持有天数/365
购入债券的实际利率为5%
委托方：金陵钱多多家具有限公司　　　受托方：路海信托投资有限责任公司
　　　（盖章）　　　　　　　　　　　　　　　　（盖章）

单据 4-3-1　债券认购委托书

单据 4-3-2　转账支票存根

单据 4-3-3　进账单

【业务 4.3.2】

单据 4-3-4　进账单

【业务 4.3.3】

利息计算表

项　目	金额（万元）
应确认的投资收益	（1000+27.23）×5%=51.36
应摊销的"持有至到期投资——利息调整"	1000×6%−51.36=8.64

单据 4-3-5　利息计算表

【业务 4.3.4】

单据 4-3-6　进账单

【业务 4.3.5】

利息计算表

项　目	金额（万元）
应确认的投资收益	（1000+27.23−8.64）×5%=50.93
应摊销的"持有至到期投资——利息调整"	1000×6%−50.93=9.07

单据 4-3-7　利息计算表

【业务 4.3.6】

中国工商银行 进账单(收账通知) 3
2016 年 01 月 06 日

出票人	全称	路海信托投资有限责任公司	收款人	全称	金陵钱多多家具有限公司
	账号	2688888888123456789		账号	1298010002000316285
	开户银行	中国银行安平分行		开户银行	中国工商银行金陵玄武支行
金额	人民币(大写)	陆拾万元整			¥600000.00
	票据种类	转账支票	票据张数	1	
	票据号码				
备注					

单据 4-3-8　进账单

【业务 4.3.7】

利息计算表

项目	金额（元）
应摊销的"持有至到期投资——利息调整"	27.23−8.64−9.07=9.52
应确认的投资收益	1000*6%−9.52=50.48

单据 4-3-9　利息计算表

【业务 4.3.8】

中国工商银行 进账单(收账通知) 3
2017 年 01 月 01 日

出票人	全称	路海信托投资有限责任公司	收款人	全称	金陵钱多多家具有限公司
	账号	2688888888123456789		账号	1298010002000316285
	开户银行	中国银行安平分行		开户银行	中国工商银行金陵玄武支行
金额	人民币(大写)	壹仟零陆拾万元整			¥10600000.00
	票据种类	转账支票	票据张数	1	
	票据号码				
备注					

单据 4-3-10　进账单

债券还本付息凭单

兹有金陵钱多多家具有限公司所购买的金山煤业有限公司于2013年1月1日发行的债券已到期，现归还其债券本金1000万元和支付最后一次利息60万元。

证券代理人：路海信托投资有限责任公司
债券购买人：金陵钱多多家具有限公司

2017年01月01日

单据 4-3-11　债券还本付息凭单

任务 4.4　持有至到期投资（利息按年计提一次归还）

【业务 4.4.1】

债券认购委托书

甲方：金陵钱多多家具有限公司
乙方：路海信托投资有限责任公司
委托内容如下：
一、甲方委托乙方购买金山煤业发行的企业债券967.5万元整（包含20万元其他费用）。期限4年，年利率4%，购入债券的面值为1000万元（购入债券的实际利率为5%，利息以复利计算）。
二、乙方为甲方债券购买的代理人，不承担到期不能付息的责任。
三、甲方买卖债券均通过乙方账户。
……

委托方：金陵钱多多家具有限公司（盖章）
代表人：钱多多

受托方：路海信托投资有限责任公司（盖章）
代表人：张江

2016-01-01

单据 4-4-1　债券认购委托书

单据 4-4-2　转账支票存根

单据 4-4-3　转账支票存根

【业务 4.4.2】

利息计算表

项目	金额（万元）
应确认的投资收益	（1000—32.50）*5%=48.38
应摊销的"持有至到期投资——利息调整"	48.38—1000*4%=8.38
应计提的利息	1000*4%=40.00

单据 4-4-4　利息计算表

【业务 4.4.3】

利息计算表

项目	金额（万元）
应确认的投资收益	（1000—32.50+48.38）*5%=50.79
应摊销的"持有至到期投资——利息调整"	50.79—1000*4%=10.79
应计提的利息	1000*4%=40.00

单据 4-4-5　利息计算表

【业务 4.4.4】

利息计算表

项目	金额（万元）
应摊销的"持有至到期投资——利息调整"	32.50−8.38−10.79=13.33
应确认的投资收益	40+13.33=53.33
应计提的利息	1000*4%=40.00

单据 4-4-6　利息计算表

【业务 4.4.5】

单据 4-4-7　进账单

债券还本付息凭单

　　兹有金陵钱多多家具有限公司所购买的金山煤业有限公司债券已到期，现归还其债券本金1000万元和支付全部利息120万元。

　　　　　　　　证券代理人：路海信托投资有限责任公司
　　　　　　　　债券购买人：金陵钱多多家具有限公司

　　　　　　　　2017年01月01日

单据 4-4-8　债券还本付息凭单

任务 4.5 可供出售金融资产（股票投资）

【业务 4.5.1】

单据 4-5-1 进账单

股票交割单

日期	2017.02.03
业务标志	买入股票
证券名称	上海美新商贸有限公司
证券代码	600XXX
发生数量	200000
成交均价	5.53
佣金	2212.00
印花税	0.00
其他费用	0.00
收付金额	−1108212.00
资金余额	325000.00

单据 4-5-2 股票交割单

单据 4-5-3 转账支票存根

单据 4-5-4 转账支票存根

【业务 4.5.2】

单据 4-5-5 进账单

董事会决议

　　本公司于2018年04月21日在本公司住所召开公司董事会，经认真审议研究，全体参会董事投票表决，一致通过了以下决议：
　　每股派发现金红利0.5元，每10股派发现金红利5元。

上海美新商贸有限有司

2018年04月21日

单据 4-5-6　董事会决议

【业务 4.5.6】

单据 4-5-7　进账单

【业务 4.5.7】

ICBC 中国工商银行 进账单（收账通知）3

2018 年 05 月 03 日

出票人	全称	上海美新商贸有限公司	收款人	全称	金陵钱多多家具有限公司
	账号	3208736358190087610		账号	1298010002000316285
	开户银行	中国工商银行上海分行		开户银行	中国工商银行金陵玄武支行

金额	人民币（大写）	玖拾捌万壹仟零肆拾捌元整	亿千百十万千百十元角分
			9 8 1 0 4 8 0 0

票据种类	转账支票	票据张数	1
票据号码			

备注：

复核：　　记账：　　　　　　　　　　收款人开户银行签章

单据 4-5-8　进账单

股票交割单

日期	2017.05.03
业务标志	卖出股票
证券名称	上海美新商贸有限公司
证券代码	600XXX
发生数量	200000
成交均价	4.92
佣金	1968.00
印花税	984.00
其他费用	0.00
收付金额	981048.00
资金余额	10125000.00

单据 4-5-9　股票交割单

任务 4.6 可供出售金融资产（债券投资）

【业务 4.6.5】

股票交割单

日期	2018.01.09
业务标志	卖出债券
证券名称	上海美新商贸有限公司
证券代码	120XXX
发生数量	100000
成交均价	105.36
佣金	10536.00
印花税	0.00
其他费用	0.00
收付金额	10525464.00
资金余额	10855000.00

单据 4-6-1　股票交割单

任务 4.7 长期股权投资取得核算

【业务 4.7.1】

单据 4-7-1　转账支票存根

单据 4-7-2　进账单

【业务 4.7.2】

股东会决议

为加快企业产业化步伐，本公司于2017年01月06日发行普通股500万股（每股账面价值为1元）取得上海美新商贸有限公司60%的股权。

金陵钱多多家具有限公司
2017年01月06日

单据 4-7-3　股东会决议

【业务 4.7.3】

投资协议书条款

金陵钱多多家具有限公司向上海美新商贸有限公司转入一项专利权，该专利权市场价格为4500万元；上海美新商贸有限公司向金陵钱多多家具有限公司方提供60%的股权。

单据 4-7-4　投资协议书条款

无形资产明细表

项 目	金额（万元）
专利权原值	6000
专利权摊销	600
专利权减值准备	200
专利权账面价值	5200
专利权公允价值	4500

单据 4-7-5　无形资产明细表

【业务 4.7.4】

单据 4-7-6　转账支票存根

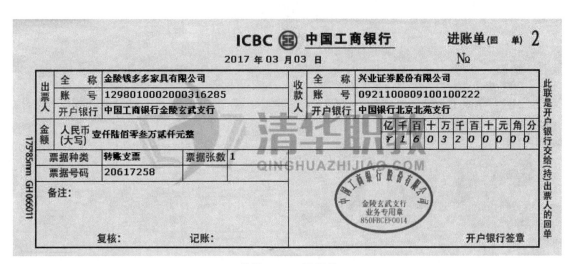

单据 4-7-7　进账单

股票交割单

日期	2017.03.03
业务标志	买入股票
证券名称	东方股份
证券代码	600XXX
发生数量	2000000
成交均价	8.00
佣金	32000.00
印花税	0.00
其他费用	0.00
收付金额	-16032000.00
资金余额	325000.00

单据 4-7-8　股票交割单

【业务 4.7.5】

股票交割单

日期	2017.03.07
业务标志	买入股票
证券名称	南方股份
证券代码	090786
发生数量	2000000
成交均价	3.00
佣金	0.00
印花税	0.00
其他费	0.00
收付金额	-6000000.00
资金余额	325000.00

单据 4-7-9　股票交割单

股东会决议

2017年03月07日发行普通股200万股，折合价格为每股3元，合计600万元整，取得南方股份有限公司10%的股权。

金陵钱多多家具有限公司

2017年03月07日

单据 4-7-10　股东会决议

任务 4.8　长期股权投资的后续计量（成本法）

【业务 4.8.1】

单据 4-8-1　转账支票存根

单据 4-8-2 进账单

投资协议书条款

金陵钱多多家具有限公司向上海美新商贸有限公司支付银行存款1000万元，上海美新商贸有限公司向金陵钱多多家具有限公司提供10%的股权。

单据 4-8-3 投资协议书条款

任务 4.9 长期股权投资的后续计量（权益法）

【业务 4.9.1】

单据 4-9-1 转账支票存根

单据 4-9-2　进账单

投资协议书条款

　　金陵钱多多家具有限公司向北京鸿荣机械有限公司支付银行存款1000万元，北京鸿荣机械有限公司向金陵钱多多家具有限公司提供40%的股权。金陵钱多多家具有限公司向北京鸿荣机械有限公司派出高级管理人员，参加北京鸿荣机械有限公司重大决策的制定。

单据 4-9-3　投资协议书条款

【业务 4.9.2】

单据 4-9-4　转账支票存根

单据 4-9-5　进账单

投资协议书条款

　　金陵钱多多家具有限公司支付人民币270万元整，华联商厦股份有限公司向金陵钱多多家具有限公司转让其公司股份总额的30%。

单据 4-9-6　投资协议书条款

【业务 4.9.3】

董事会决议

　　本公司按实现净利润的10%提取法定盈余公积；每10股派发现金红利0.5元。现公司共发行股份4000万股，本次共发放股利200万元。

华联商厦股份有限公司

2017年05月01日

单据 4-9-7　董事会决议

【业务 4.9.4】

中国工商银行 进账单(收账通知) 3

2017 年 06 月 04 日　No.

出票人	全称	华联商厦股份有限公司	收款人	全称	金陵钱多多家具有限公司
	账号	4563510100635236987		账号	1298010002000316285
	开户银行	中国银行北京朝阳支行		开户银行	中国工商银行金陵玄武支行

金额 人民币(大写) 陆拾万元整　￥600000.00

票据种类：转账支票　　票据张数：1

票据号码：

备注：

复核：　　记账：　　　　　　　　收款人开户银行签章

单据 4-9-8　进账单

任务 4.10　投 资 核 算

【业务 4.10.1】

股票交割单

日期	2017.01.01
业务标志	买入债券
证券名称	金山煤业
证券代码	120XXX
发生数量	100000
成交均价	101.27
佣金	10127.00
印花税	0.00
其他费用	0.00
收付金额	-10137127.00
资金余额	325000.00

单据 4-10-1　股票交割单

【业务 4.10.2】

单据 4-10-2　进账单

【业务 4.10.4】

单据 4-10-3　进账单

【业务 4.10.5】

股票交割单

日期	2017.04.03
业务标志	买入股票
证券名称	华发股份
证券代码	600XXX
发生数量	200000
成交均价	5.58
佣金	2232.00
印花税	0.00
其他费用	0.00
收付金额	−1118232.00
资金余额	325000.00

单据 4-10-4　股票交割单

【业务 4.10.6】

单据 4-10-5　进账单

【业务 4.10.9】

单据 4-10-6　进账单

【业务 4.10.10】

单据 4-10-7　转账支票存根

单据 4-10-8　进账单

投资协议书

　　金陵钱多多家具有限公司向北京东星化工有限公司支付银行存款300万元，北京东星化工有限公司向金陵钱多多家具有限公司提供30%的股权。协议生效日为2016年12月31日。

　　　　　　　　甲方：金陵钱多多家具有限公司
　　　　　　　　乙方：北京东星化工有限公司
　　　　　　　　签约时间：2016年12月10日

单据 4-10-9　投资协议书

【业务 4.10.11】

董事会决议

　　本公司按实现净利润的10%提取法定盈余公积；每10股派发现金红利0.5元（含税），现公司共发行股份4000万股，本次共发放股利200万元。

　　　　　　　　北京东星化工有限公司

　　　　　　　　2018年04月23日

单据 4-10-10　董事会决议

【业务 4.10.12】

ICBC 中国工商银行				进账单(回 单) 2
2018 年 06 月 04 日				No

出票人	全 称	北京东星化工有限公司	收款人	全 称	金陵钱多多家具有限公司
	账 号	4100470004040005752		账 号	1298010002000316285
	开户银行	中国农业银行北京中山支行		开户银行	中国工商银行金陵玄武支行

金额	人民币(大写)	陆拾万元整					亿 千 百 十 万 千 百 十 元 角 分
							￥ 6 0 0 0 0 0 0 0

票据种类	转账支票	票据张数	1
票据号码			

备注:

复核: 　　　　记账: 　　　　　　　　　　　　　开户银行签章

此联是开户银行交给(持出票人)的回单

单据 4-10-11　进账单

【业务 4.10.14】

股票交割单

日 期	2018年03月12日
业务标志	买入股票
证券名称	网达股份
证券代码	000422
发生数量	200000
成交均价	10.60
佣金	4240.00
印花税	0.00
其他费	0.00
收付金额	−2124240.00
资金余额	325000.00

单据 4-10-12　股票交割单

【业务 4.10.15】

ICBC 中国工商银行				进账单(回 单) 2
2018 年 03 月 23 日				№

出票人	全 称	兴业证券股份有限公司	收款人	全 称	金陵钱多多家具有限公司
	账 号	0921100809100100222		账 号	1298010002000316285
	开户银行	中国银行北京北苑支行		开户银行	中国工商银行金陵玄武支行

金额	人民币(大写)	壹拾贰万元整				亿千百十万千百十元角分 ¥120000 00
票据种类	转账支票		票据张数	1		
票据号码						
备注:						

复核:　　　　记账:　　　　　　　　　　　　　　　开户银行签章

单据 4-10-13　进账单

【业务 4.10.17】

股票交割单

日　期	2018年04月25日
业务标志	卖出股票
证券名称	网达股份
证券代码	000422
发生数量	200000
成交均价	14.00
佣金	5600.00
印花税	2800.00
其他费	0.00
收付金额	2791600.00
资金余额	3115499.00

单据 4-10-14　股票交割单

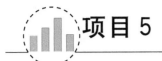

项目 5

薪酬会计岗位实训

任务 5.1 工资、奖金、津贴核算

【业务 5.1.1】

个人所得税税率表

级数	含税级距	税率（%）	速算扣除数
1	不超过1500元的	3	0
2	超过1500元至4500元的部分	10	105
3	超过4500元至9000元的部分	20	555
4	超过9000元至35000元的部分	25	1005
5	超过35000元至55000元的部分	30	2755
6	超过55000元至80000元的部分	35	5505
7	超过80000元的部分	45	13505

单据 5-1-1 个人所得税税率表

【业务 5.1.2】

金陵钱多多家具有限公司12月份职工薪酬汇总表

部门	项目	工资	工会经费	社会保险费	住房公积金	合计
管理部门	管理费用	65970.00	1319.40	16728.00	6120.00	90137.40
销售部门	销售费用	22320.00	446.40	6691.20	2448.00	31905.60
生产部-办公桌生产车间	生产成本	56540.00	1130.80	25649.60	9384.00	92704.40
生产部-办公椅生产车间	生产成本	34140.00	682.80	16728.00	6120.00	57670.80
生产部-办公桌生产车间	制造费用	10100.00	202.00	2230.40	816.00	57670.80
生产部-办公椅生产车间	制造费用	5000.00	100.00	1115.20	408.00	6623.20
仓管部门	制造费用	12160.00	243.20	4460.80	1632.00	18496.00
合计		206230.00	4124.60	73603.20	26928.00	310885.80

单据 5-1-2 职工薪酬汇总表

任务 5.2 工资、奖金、津贴等的账务处理

【业务 5.2.1】

金陵钱多多家具有限公司职工薪酬汇总表

部门	项目	工资	工会经费	社会保险费	住房公积金	合计
管理部门	管理费用	65970.00	1319.40	16728.00	6120.00	90137.40
销售部门	销售费用	22320.00	446.40	6691.20	2448.00	31905.60
生产部-渔具生产车间	生产成本	56540.00	1130.80	25649.60	9384.00	92704.40
生产部-水泵生产车间	生产成本	34140.00	682.80	16728.00	6120.00	57670.80
生产部-渔具生产车间	制造费用	10100.00	202.00	2230.40	816.00	13348.40
生产部-水泵生产车间	制造费用	5000.00	100.00	1115.20	408.00	6623.20
仓管部门	制造费用	12160.00	243.20	4460.80	408.00	18496.00
合计		206230.00	4124.60	73603.20	408.00	310885.80

单据 5-2-1 职工薪酬汇总表

【业务 5.2.4】

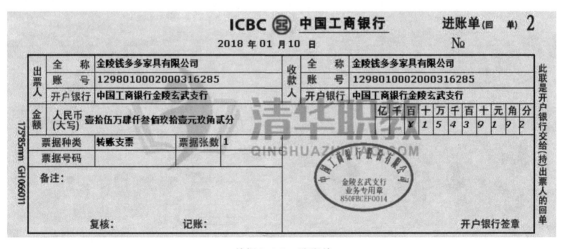

单据 5-2-2 进账单

任务 5.3 职工福利费的核算

【业务 5.3.1】

工会会议决议

金陵钱多多家具有限公司工会于2017年4月27日召开工会会议,由于工厂员工黄丽家庭原因,经参会人员共同决议,于4月27日支付给职工黄丽困难补助200元。

金陵钱多多家具有限公司工会
2017年4月27日

单据 5-3-1 工会会议决议

【业务 5.3.2】

职工福利费提取计算表

部门	工资总额	职工福利费
办公桌生产车间	180000.00	25200.00
办公椅生产车间	160000.00	22400.00
生产车间管理部门	80000.00	11200.00
合计	420000.00	58800.00

单据 5-3-2 职工福利费提取计算表

任务 5.4　社会保险费的核算

【业务 5.4.1】

电子缴税回单

隶属关系：——　　　　　　　　　　　　电子缴税号 3213729432
注册类型：有限公司　　填发日期 2017年03月31日　征收机关 中山地税

缴税单位	代　码	350426810001	收款国库	中山金库
	全　称	金陵钱多多家具有限公司	国库账号	
	账　号	1298010002000316285	预算级次	县级
	开户银行	中国工商银行金陵玄武支行	国库开户银行	

税款所属期 20170301至20170331　　　　　　　　　　税款限缴日期

预算科目	税　种　税　目	计税金额、销售收入或课税数量	税率或单位税额	已缴或扣除额	实缴税额
	社会保险费-养老				175,280.00
	社会保险费-失业				12,520.00
	社会保险费-工伤				6,260.00
	社会保险费-生育				5,008.00
	社会保险费-医疗				62,600.00
金额合计	贰拾陆万壹仟陆佰陆拾捌元整				¥261668.00

申报方式	征收方式	打印次数	上列款项已核记入收款单位账户。扣款日期　　　银行盖章	备注	税务机关自征
网络申报	一般申报				

单据 5-4-1　电子缴税回单

社会保险费计提表

部门	项目	个人负担部分	公司负担部分
管理部门	管理费用	11286.00	33858.00
销售部门	销售费用	10241.00	30723.00
生产车间管理	制造费用	8360.00	25080.00
办公桌生产车间	生产成本	18810.00	56430.00
办公椅生产车间	生产成本	16720.00	50160.00
合计		65417.00	196251.00

单据 5-4-2　社会保险费计提表

【业务 5.4.2】

社会保险费计提表

部门	项目	社会保险费
管理部门	管理费用	33858.00
销售部门	销售费用	30723.00
生产车间管理	制造费用	25080.00
办公桌生产车间	生产成本	56430.00
办公椅生产车间	生产成本	50160.00
合计		196251.00

单据 5-4-3 社会保险费计提表

【业务 5.4.3】

社会保险费计提表

部门	项目	个人负担部分	公司负担部分
管理部门	管理费用	11286.00	33858.00
销售部门	销售费用	10241.00	30723.00
生产车间管理	制造费用	8360.00	25080.00
办公桌生产车间	生产成本	18810.00	56430.00
办公椅生产车间	生产成本	16720.00	50160.00
合计		65417.00	196251.00

单据 5-4-4 社会保险费计提表

任务 5.5 住房公积金的核算

【业务 5.5.1】

单据 5-5-1 住房公积金汇(补)缴书

【业务 5.5.2】

住房公积金计算表

部门	缴费基数	住房公积金（单位12%）	住房公积金（个人12%）	合计
行政部	108000.00	12960.00	12960.00	25920.00
销售部	98000.00	11760.00	11760.00	23520.00
生产车间管理部门	80000.00	9600.00	9600.00	19200.00
办公桌生产车间1	180000.00	21600.00	21600.00	43200.00
办公椅生产车间2	160000.00	19200.00	19200.00	38400.00
合计	626000.00	75120.00	75120.00	150240.00

单据 5-5-2 住房公积金计算表

【业务 5.5.3】

住房公积金计算表

部门	缴费基数	住房公积金（单位12%）	住房公积金（个人12%）	合计
行政部	108000.00	12960.00	12960.00	25920.00
销售部	98000.00	11760.00	11760.00	23520.00
生产车间管理部门	80000.00	9600.00	9600.00	19200.00
办公桌生产车间1	180000.00	21600.00	21600.00	43200.00
办公椅生产车间2	160000.00	19200.00	19200.00	38400.00
合计	626000.00	75120.00	75120.00	150240.00

单据 5-5-3　住房公积金计算表

任务 5.6　工会经费的核算

【业务 5.6.1】

计提工会经费计算表

计提依据	金额(元)	计提比例(%)	提取金额(元)	备注
工资总额	626000.00	2	12520.00	

单据 5-6-1　计提工会经费计算表

【业务 5.6.2】

单据 5-6-2　进账单

任务 5.7 职工教育经费的核算

【业务 5.7.1】

计提职工教育经费计算表

计提依据	金额(元)	计提比例(%)	提取金额(元)	备注
工资总额	626000.00	2.5	15650.00	

单据 5-7-1　计提职工教育经费计算表

【业务 5.7.2】

单据 5-7-2　增值税普通发票

单据 5-7-3　进账单

任务 5.8　非货币性福利的核算

【业务 5.8.1】

总经理办公会议决议

经总经理办公会议同意，决定以成本为100元的自产家具作为福利发放给公司100名职工，其中70名职工为直接参加生产的职工，30名为管理人员。该型号家具的售价为每件200元，公司适用的增值税税率为17%。

具体名单如下：

（略）

总经理：钱多多

2017年04月01日

单据 5-8-1　会议决议

【业务 5.8.3】

单据 5-8-2　出库单

任务 5.9　辞退福利的核算

【业务 5.9.1】

裁员计划一览表				
所属部门	姓名	职位	工龄	补偿金额
行政部	陈华	收银	5个月	4500.00
销售部	高阳	销售员	4个月	6000.00
合计金额				10500.00

单据 5-9-1　裁员计划一览表

【业务 5.9.2】

单据 5-9-2 现金支票存根

单据 5-9-3 现金支票存根

任务 5.10 薪酬会计岗位综合实训

【业务 5.10.1】

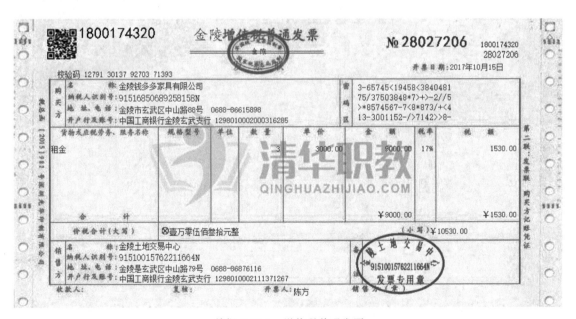

单据 5-10-1 增值税普通发票

ICBC 中国工商银行 业务回单（付款）

日期： 2017年 10月 15日　　　回单编号： 1534940002

付款人户名： 金陵钱多多家具有限公司　　付款人开户行： 中国工商银行金陵玄武支行
付款人账号（卡号）： 1298010002000316285
收款人户名： 金陵土地交易中心　　收款人开户行： 中国工商银行金陵玄武支行
收款人账号（卡号）： 1298010002111371267
金额： 壹万零伍佰叁拾元整　　小写： 10530.00元
业务（产品）种类： 结算业务凭证　　凭证种类： 000000000　凭证号码： 00000000000000000
摘要： 支付租金　　用途：
转账　　　　　　　　　　　　　　　币种： 人民币
交易机构： 0410000292　记账柜员： 03741　交易代码： 02108　　渠道： 柜面
产品名称：　　　　　费用名称：
应收金额： 10530.00　实收金额： 10530.00　收费渠道：
本回单为第一次打印，注意重复　　打印日期： 2017年 10月 16日　打印柜员： 9　验证码： 0A87640EF006

单据 5-10-2　业务回单

【业务 5.10.3】

电子缴税回单

电子缴税号 2143243243

隶属关系 ——
注册类型 —— 有限公司　　填发日期 —— 2017年10月15日　　征收机关 —— 中山地税

缴税单位	代　码	516850689258158	收款国库	金陵金库
	全　称	金陵钱多多家具有限公司	国库账号	
	账　号	1298010002000316285	预算级次	县级
	开户银行	中国工商银行金陵玄武支行	国库开户银行	
税款所属期	20171001-20171031		税款限缴日期	

预算科目	税　种　税　目	计税金额、销售收入或课税数量	税率或单位税额	已缴或扣除额	实缴税额
	社会保险费-养老				21,714.00
	社会保险费-失业				1,551.00
	社会保险费-工伤				775.50
	社会保险费-生育				620.40
	社会保险费-医疗				7,755.00
金额合计	叁万贰仟肆佰壹拾伍元玖角整				32415.90
申报方式	征收方式	打印次数	上列款项已核记入收款单位账户。	备注	税务机关自征
网络申报	一般申报		扣款日期 —— 　　银行盖章		

第一联：纳税人留存
未加盖银行印章无效

单据 5-10-3　电子缴税回单

【业务 5.10.4】

住房公积金汇（补）缴书

2017年10月15日 No 附：缴存变更清册 页

缴款单位	单位名称	金陵钱多多家具有限公司	收款单位	单位名称	金陵钱多多家具有限公司
	单位账号	1298010002000316285		公积金账号	568001025000090111
	开户银行	中国工商银行金陵玄武支行		开户银行	中国工商银行金陵玄武支行

缴款类型	☑汇缴 □补缴	补缴原因										
缴款人数		缴款时间	2017年10月01日至2017年10月31日	月数							1	
缴款方式		□现金 ☑转账		百	十	万	千	百	十	元	角	分
金额大写	壹万捌仟陆佰壹拾贰元整				1	8	6	1	2	0	0	

	上次汇缴		本次增加汇缴		本次减少汇缴		本次汇（补）缴	
	人数	金额	人数	金额	人数	金额	人数	金额

上述款项已划转至市住房公积金管理中心住房公积金存款户内。（银行盖章）
复核：陈洁　经办：陈小　2017年10月15日

第一联：缴款单位开户行给缴款单位的回单

单据 5-10-4　住房公积金汇（补）缴书

住房公积金计算表

缴费基数	住房公积金（单位12%）	住房公积金（个人12%）	合计
77550.00	9306.00	9306.00	18612.00

单据 5-10-5　住房公积金计算表

【业务 5.10.5】

社会保险费计算表

部门	项目	社会保险费
行政	管理费用	14570.15
销售	销售费用	3130.00
机修车间	生产成本	1658.90
办公桌生产车间	生产成本	1486.75
办公椅生产车间	生产成本	1439.80
车间管理	制造费用	1987.55
合计		24273.15

单据 5-10-6　社会保险费计算表

【业务 5.10.6】

住房公积金计算表

部门	项目	住房公积金（个人12%）	住房公积金（单位12%）
行政	管理费用	5586.00	5586.00
销售	销售费用	1200.00	1200.00
机修车间	生产成本	636.00	636.00
生产车间（家具1）	生产成本	570.00	570.00
生产车间（家具2）	生产成本	552.00	552.00
生产车间管理	制造费用	762.00	762.00
合计		9306.00	9306.00

单据 5-10-7　住房公积金计算表

【业务 5.10.7】

计提工会经费计算表

计提依据	金额	计提比例	提取金额	备注
工资总额	77550.00	2%	1551.00	

单据 5-10-8　计提工会经费计算表

【业务 5.10.8】

单据 5-10-9　进账单

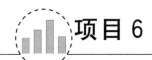

项目 6

资本资金会计岗位实训

任务 6.1 短期借款的核算

【业务 6.1.1】

单据 6-1-1 借款合同

【业务 6.1.3】

利息计算表

项 目	数 值
借款本金（元）	1000000.00
年利率（%）	6
月利率(%)	0.5
月利息（元）	5000

单据 6-1-2 利息计算表

【业务 6.1.6】

银行利息凭证

户名：金陵钱多多家具有限公司　　2017年04月03日　　账号：1298010002000316285

起息日	结息日	天数	积数 千百十万千百十元角分	利率	利息 千百十万千百十元角分	
2017年01月01日	2017年01月31日				5 0 0 0 0 0	
2017年02月01日	2017年02月28日				5 0 0 0 0 0	第三联
2017年03月01日	2017年03月31日				5 0 0 0 0 0	回单联
本　金	￥1000000.00			利息合计	1 5 0 0 0 0	
本息合计	￥1015000.00					
			（银行盖章）			

单据 6-1-3　银行利息凭证

【业务 6.1.7】

银行利息凭证

户名：金陵钱多多家具有限公司　　2017年07月01日　　账号：1298010002000316285

起息日	结息日	天数	积数 千百十万千百十元角分	利率	利息 千百十万千百十元角分	
2017年04月01日	2017年04月30日				5 0 0 0 0 0	
2017年05月01日	2017年05月31日				5 0 0 0 0 0	第三联
2017年06月01日	2017年06月30日				5 0 0 0 0 0	回单联
本　金	￥1000000.00			利息合计	1 5 0 0 0 0	
本息合计	￥1015000.00					
			（银行盖章）			

单据 6-1-4　银行利息凭证

单据 6-1-5　业务回单

任务 6.2　长期借款的核算

【业务 6.2.1】

借款合同（摘要）

甲方：金陵钱多多家具有限公司（简称借款方）
乙方：中国工商银行金陵玄武支行（简称贷款方）
根据国家规定，借款方经贷款方审查同意发放长期借款。为明确双方责任，恪守信用，特签订本合同，共同遵守。
　　第一条　借款方向贷款方借款人民币（大写）壹佰万元整，期限两年，年利率为9%。
　　第二条　自支用贷款之日起，按年计算、支付利息，到期归还本金。
　　……
　　第八条　本合同经过双方签字、盖章后生效，贷款本息全部清偿后失效。合同正本一式叁份，借、贷双方各执壹份；副本壹份，报送银行监督管理委员会。

甲方：金陵钱多多家具有限公司　　乙方：中国工商银行金陵玄武支行
　　　　　　　　　　　　　　　　签约日期：2017年07月01日

单据 6-2-1　借款合同

【业务 6.2.3】

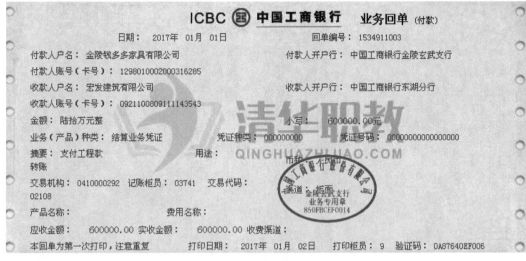

单据 6-2-2　业务回单

单据 6-2-3　进账单

【业务 6.2.4】

利息计算表

项　目	数值
长期借款本金（元）	1000000
年利率（%）	9
年利息（元）	90000

单据 6-2-4　利息计算表

【业务 6.2.5】

单据 6-2-5　业务回单

【业务 6.2.6】

单据 6-2-6　业务回单

单据 6-2-7 进账单

【业务 6.2.7】

利息计算表

项　目	数　值
长期借款本金（元）	1000000
年利率（％）	9
2018年1—8月利息（元）	60000

单据 6-2-8 利息计算表

【业务 6.2.8】

固定资产验收单

2017 年 08 月 31 日

资产编号	321	资产名称	厂房	型号规格	
供应商名称	宏发建筑有限公司				
购入日期	2017年8月11日		安装完成日期	2017年8月30日	
金额大写	壹佰壹拾伍万元整		小写	1150000.00	
验收结果	合格		验收日期	2017年8月31日	
采购部门	李奇		资产管理人	张雯	
使用部门	生产部		财务审核	张丽	
备注：					

单据 6-2-9 固定资产验收单

【业务 6.2.9】

利息计算表

项 目	数 值
长期借款本金（元）	1000000
年利率（%）	9
2018年9—12月利息（元）	30000

单据 6-2-10　利息计算表

【业务 6.2.10】

单据 6-2-11　业务回单

单据 6-2-12　进账单

任务 6.3 应付债券的核算

【业务 6.3.1】

单据 6-3-1 进账单

进账单信息：
- 出票人全称：兴业证券股份有限公司
- 账号：0921100809100100222
- 开户银行：中国银行北京北苑支行
- 收款人全称：金陵钱多多家具有限公司
- 账号：1298010002000316285
- 开户银行：中国工商银行金陵玄武支行
- 金额（大写）：壹仟玖佰陆拾壹万玖仟贰佰元整 ￥19619200.00
- 票据种类：转账支票
- 票据张数：壹
- 日期：2017年01月01日

单据 6-3-2 董事会决议

董事会决议

为解决本公司新生产线建设所需资金，经中国证券监督管理委员会批准，于2017年01月01日发行债券20万张，每张面值100元，期限2年，票面利率为3%，每年06月30日和12月30日计提利息，次日付息。

金陵钱多多家具有限公司
2017年01月01日

【业务 6.3.2】

利息计算表

项 目	数 值
债券面值（万元）	2000
期初债券购买价格（万元）	1961.92
票面利率（%）	3
2017年上半年按面值计算的应付利息（万元）	30
实际利率（%）	4
2017年上半年按实际利率计算的利息费用（万元）	39.2382

单据 6-3-3 利息计算表

【业务 6.3.3】

ICBC 中国工商银行 业务回单（付款）

日期： 2017年 07月 01日　　回单编号： 1534911006
付款人户名： 金陵钱多多家具有限公司　　付款人开户行： 中国工商银行金陵玄武支行
付款人账号（卡号）： 1298010002000316285
收款人户名： 兴业证券股份有限公司　　收款人开户行： 中国银行北京北苑支行
收款人账号（卡号）： 0921100809100100222
金额： 叁拾万元整　　小写： 300000.00元
业务（产品）种类： 结算业务凭证　　凭证种类： 000000000　　凭证号码： 00000000000000000
摘要： 支付债券利息　　用途：　　币种： 人民币
转账
交易机构： 0410000292　记账柜员： 03741　交易代码： 02108　渠道： 柜面
产品名称：　　费用名称：
应收金额：　300000.00　实收金额：　300000.00　收费渠道：
本回单为第一次打印，注意重复　　打印日期： 2017年 07月 02日　打印柜员： 9　验证码： 0A87640EF006

单据 6-3-4 业务回单

单据 6-3-5　进账单

【业务 6.3.4】

利息计算表

项　目	数　值
债券面值（万元）	2000
期初债券购买价格（万元）	1961.92
票面利率（%）	3
2017年下半年按面值计算的应付利息（万元）	30
实际利率（%）	4
2017年下半年按实际利率计算的利息费用（万元）	39.2382

单据 6-3-6　利息计算表

【业务 6.3.5】

单据 6-3-7　业务回单

单据 6-3-8　进账单

【业务 6.3.6】

单据 6-3-9　业务回单

单据 6-3-10　进账单

【业务 6.3.7】

董事会决议

为解决本公司生产线技术改造所需资金,经中国证券监督管理委员会批准,于2017年01月01日发行可转换债券50万张,每张面值1000元,期限为5年,票面年利率4%,每年1月1日付息。自2018年01月01日起,该可转换公司债券持有人可以申请按债券转换日的面值转为金陵钱多多家具有限公司的普通股(每股面值1元),初始转换价格为每股10元,不足转为1万股的部分按每股10元以现金结清。

金陵钱多多家具有限公司
2017年01月01日

单据 6-3-11　董事会决议

单据 6-3-12　进账单

负债成分和权益成分计算表

项目	金额(万元)
可转换公司债券负债成分的公允价值	50000×0.7473+50000×4%×4.2124=45789.8
可转换公司债券权益成分的公允价值	50000−45789.8=4210.2

单据 6-3-13　负债成分和权益成分计算表

【业务6.3.8】

利息计算表

项 目	金额（万元）
2017年12月31日应付利息	50000×4%=2000
2017年12月31日应确认的利息费用	45789.8×6%=2747.388

单据 6-3-14　利息计算表

【业务6.3.9】

单据 6-3-15　业务回单

单据 6-3-16　进账单

【业务 6.3.10】

债转股决议

我公司经批准于2017年01月01日以50000万元的价格（不考虑相关税费）发行面值总额为50000万元的可转换公司债券。该可转换公司债券期限为5年，票面年利率为4%，实际利率为6%。自2017年起，每年1月1日付息。自2018年01月01日起，该可转换公司债券持有人可以申请按债券转换日的账目价值转为金陵钱多多家具有限公司的普通股（每股面值1元），初始转换价格为每股10元，不足转为1万股的部分 按每股10元以现金结清。

2018年01月02日，该可转换公司债券的40%转为金陵钱多多家具有限公司的普通股，手续已按合约规定处理，其中该部分可转换债券面值为18614.88万元，转换成股数为18610000股，另支付现金49000元整。

金陵钱多多家具有限公司

2018年01月02日

单据 6-3-17　债转股决议

任务 6.4　吸收直接投资的核算

【业务 6.4.1】

投资协议书（摘要）

甲方：长江投资有限公司
乙方：金陵钱多多家具有限公司
……
第三条　长江投资有限公司向金陵钱多多家具有限公司投资现金2500000元。
第四条　长江投资有限公司投资后享有金陵钱多多家具有限公司注册资本5000万元的5%。
第五条　长江投资有限公司必须在2017年1月5日前向金陵钱多多家具有限公司出资。
……
甲方：长江投资有限公司　　　　乙方：金陵钱多多家具有限公司

签约日期：2017年01月01日

单据 6-4-1　投资协议书

单据 6-4-2　进账单

【业务 6.4.2】

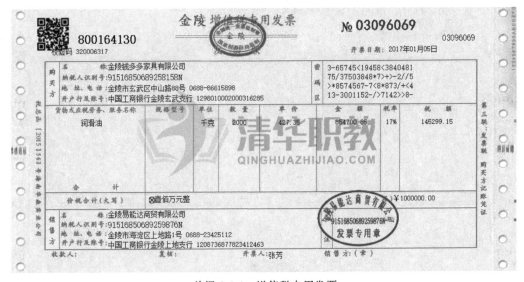

单据 6-4-3　收料单

单据 6-4-4　增值税专用发票

投资协议书（摘要）

甲方：金陵易能达商贸有限公司
乙方：金陵钱多多家具有限公司
……
第三条　金陵易能达商贸有限公司以含税价1000000元的材料向金陵钱多多家具有限公司投资。
第四条　金陵易能达商贸有限公司投资后享有金陵钱多多家具有限公司注册资本5000万元的2%。
第五条　金陵易能达商贸有限公司必须在2017年01月20日前向金陵钱多多家具有限公司出资。
……

甲方：金陵易能达商贸有限公司　　　　乙方：金陵钱多多家具有限公司

签约日期：2017年1月1日

单据6-4-5　投资协议书

【业务6.4.3】

固定资产验收单

2017 年 03 月 31 日

资产编号	332	资产名称	厂房	型号规格	
供应商名称	上海美新商贸有限公司				
购入日期	2017年03月31日		安装完成日期	2017年03月31日	
金额大写	壹佰壹拾万元整		小写	￥1100000.00	
验收结果	标准		验收日期	2017年03月31日	
采购部门	张高丽		资产管理人	张雯	
使用部门	生产部门		财务审核	张丽	
备注：该固定资产为上海美新商贸有限公司投入。					

单据6-4-6　固定资产验收单

投资协议书（摘要）

甲方：上海美新商贸有限公司
乙方：金陵钱多多家具有限公司
……
第三条　上海美新商贸有限公司以双方确认价值1100000元的厂房向金陵钱多多家具有限公司出资。
第四条　上海美新商贸有限公司投资后享有金陵钱多多家具有限公司注册资本5000万元的2%。
第五条　上海美新商贸有限公司必须在2017年04月05日前向金陵钱多多家具有限公司出资。
……
甲方：上海美新商贸有限公司　　　乙方：金陵钱多多家具有限公司

签约日期：2017年03月10日

单据6-4-7　投资协议书

【业务6.4.4】

投资协议书（摘要）

甲方：金陵易能达商贸有限公司
乙方：金陵钱多多家具有限公司
第三条　金陵易能达商贸有限公司以双方确认价值800000元的无形资产（专利权）向金陵钱多多家具有限公司投资。
第四条　金陵易能达商贸有限公司投资后享有金陵钱多多家具有限公司注册资本5000万元的1%。
第五条　金陵易能达商贸有限公司必须在2017年06月05日前向金陵钱多多家具有限公司出资。
……
甲方：金陵易能达商贸有限公司　　　乙方：金陵钱多多家具有限公司

签约日期：2017年05月10日

单据6-4-8　投资协议书

专利权转让合同（部分）

专利权转让方（甲方）：金陵易能达商贸有限公司
专利权受让方（乙方）：金陵钱多多家具有限公司
甲、乙双方经协商一致，对专利权的达成如下协议。
一、转让的专利名称：自动化专利
二、专利权转让后，受让方的权限
1.可以使用该专利的种类（或服务的类别及名称）：自动化专利。
……
十四、专利权转让的价款
1.转让费按转让的权限计算共￥800000.00元。
2.作为投资款项

甲方：金陵易能达商贸有限公司　　　　乙方：金陵钱多多家具有限公司

签约日期：2017年05月10日

单据6-4-9　专利权转让合同

任务6.5　发行股票的核算

【业务6.5.1】

股东大会决议(摘要)

……
　　经股东大会批准，我公司于2017年01月01日发行股票500万股，每股面值为1元。
……

金陵钱多多家具有限公司
董事长：钱多多
2017年01月01日

单据6-5-1　股东大会决议

单据 6-5-2 进账单

【业务 6.5.2】

单据 6-5-3 股东大会决议

单据 6-5-4 业务回单

单据 6-5-5 进账单

【业务 6.5.4】

单据 6-5-6 股东大会决议

单据 6-5-7 业务回单

单据 6-5-8　进账单

任务 6.6　其他资本资金事项的核算

【业务 6.6.1】

单据 6-6-1　股东大会决议

【业务 6.6.2】

股东大会决议

……
　　我公司的注册资本为50000000元，盈余公积已经累计提取30000000元。经公司股东大会同意，决定按注册资本的6%用盈余公积发放现金股利。
……

金陵钱多多家具有限公司
20××年12月××日

单据 6-6-2　股东大会决议

【业务 6.6.3】

验资报告

金陵钱多多家具有限公司：
……
　　贵公司原注册资本为人民币5000万元，根据贵公司股东大会决议和修改后章程的规定，贵公司申请增加注册资本人民币500万元，由资本公积转增注册资本，变更后的注册资本为人民币5500万元。
　　经我们审验，截至2017年03月31日止，贵公司已将资本公积伍佰万元（大写）转增注册资本。
……

金陵市勤奋会计师事务所
注册会计师　李勤
报告日期：2017年03月31日

单据 6-6-3　验资报告

【业务 6.6.4】

验资报告

金陵钱多多家具有限公司：
……
　　贵公司原注册资本为人民币5500万元，实收资本（股本）为人民币5500万元。其中，金陵易能达商贸有限公司（以下简称甲方）占原注册资本的60%；上海美新商贸有限公司（以下简称乙方）占原注册资本的40%。根据协议和股东会决议以及修改后的章程规定，贵公司申请减少注册资本人民币1000元，其中减少甲方出资600万元、减少乙方出资400万元，变更后的注册资本为人民币4500万元。
　　经我们审验，截至2017年04月21日止，贵公司已减少股本人民币1000万元，其中减少甲方出资人民币600万元，减少乙方出资人民币400万元。
……

金陵市勤美会计师事务所
注册会计师：李勤
2017年04月21日

单据 6-6-4　验资报告

ICBC 中国工商银行　业务回单（付款）

日期：2017年04月21日　　回单编号：1534911012
付款人户名：金陵钱多多家具有限公司　　付款人开户行：中国工商银行金陵玄武支行
付款人账号（卡号）：1298010002000316285
收款人户名：金陵易能达商贸有限公司　　收款人开户行：中国工商银行金陵上地支行
收款人账号（卡号）：12087368778234124463
金额：陆佰万元整　　小写：6000000.00
业务（产品）种类：结算业务凭证　　凭证种类：00000000　　凭证号码：00000000000000000
摘要：减少投资款　　用途：
转账　　币种：人民币
交易机构：0410000292　记账柜员：03741　交易代码：02108　渠道：柜面
产品名称：　　费用名称：
应收金额：6000000.00　实收金额：6000000.00　收费渠道：
本回单为第一次打印，注意重复　　打印日期：2017年04月21日　打印柜员：9　验证码：0A87640EF006

单据 6-6-5　业务回单

ICBC 中国工商银行 业务回单（付款）

日期： 2017年 04月 21日 　　回单编号： 1534911013
付款人户名： 金陵钱多多家具有限公司 　　付款人开户行： 中国工商银行金陵玄武支行
付款人账号（卡号）： 1298010002000316285
收款人户名： 上海美新商贸有限公司 　　收款人开户行： 中国工商银行上海分行
收款人账号（卡号）： 32087363581900087610
金额： 肆佰万元整 　　小写： 4000000.00元
业务（产品）种类： 结算业务凭证 凭证种类： 000000000 凭证号码： 000000000000000000
摘要： 减少投资款转账 用途： 币种： 人民币
交易机构： 0410000292 记账柜员： 03741 交易代码： 02108 渠道： 柜面
产品名称： 费用名称：
应收金额： 4000000.00 实收金额： 4000000.00 收费渠道：
本回单为第一次打印，注意重复 打印日期： 2017年 04月 21日 打印柜员： 9 验证码： 0A87640EF006

单据 6-6-6　业务回单

【业务 6.6.5】

债务重组协议

　　由于金陵钱多多家具有限公司现金流量不足，导致从金陵易能达商贸有限公司购入原材料的款项585万元（含税价）无法归还。经协商，金陵易能达商贸有限公司同意就此债务进行重组，签订如下协议。
　　一、债务重组日为2017年05月30日。
　　二、金陵易能达商贸有限公司将债务转为金陵钱多多家具有限公司的资本。
　　三、债务转为资本后，金陵易能达商贸有限公司所占股份为金陵钱多多家具公司注册资本5000万元的10%。
　　四、本协议自签订之日起3个月内有效。
　　……

债权人：金陵易能达商贸有限公司　　债务人：金陵钱多多家具有限公司
　　　　　　　　　　　　　　　　　签约日期：2017年05月01日

单据 6-6-7　债务重组协议

任务 6.7 资本资金核算

【业务 6.7.1】

单据 6-7-1 进账单

单据 6-7-2 董事会决议

为解决公司自有资金不足的困难，保证企业生产经营的正常进行，经中国证券监督管理委员会批准，公司决定发行企业债券100000张，面值为100元，期限为2年，年利率为4%，每年06月30日和12月30日计提利息，次日付息，到期时归还本金和最后一次利息。本次债券发行由中国银行中山分行证券部代理。

金陵钱多多家具有限公司
2017年01月01日

【业务 6.7.2】

利息计算表

项　目	金额（万元）
2017年上半年债券利息费用	981.2×2.5%＝24.53
2017年上半年应付利息	2000×4%/2＝20

单据 6-7-3　利息计算表

【业务 6.7.3】

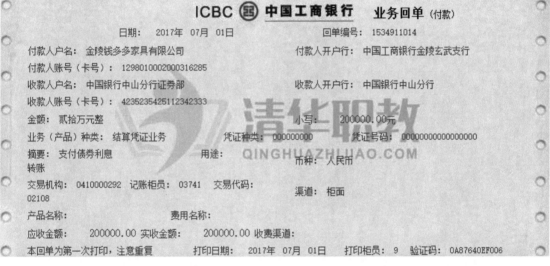

单据 6-7-4　业务回单

单据 6-7-5　进账单

【业务 6.7.4】

单据 6-7-6　业务回单

单据 6-7-7　进账单

【业务 6.7.5】

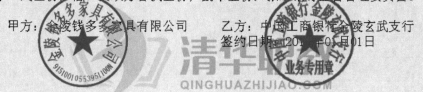

借款合同（摘要）

甲方：金陵钱多多家具有限公司（简称借款方）
乙方：中国工商银行金陵玄武支行（简称贷款方）
根据国家规定，借款方经贷款方审查同意发放短期借款。为明确双方责任，恪守信用，特签订本合同，共同遵守。
第一条　借款方向贷款方借款人民币（大写）壹佰万元整，期限三个月，年利率为6%。
第二条　自支用贷款之日起，按月计算利息，利息按季支付，到期归还本金。
……
第八条　本合同经双方签字、盖章后生效，贷款本息全部清偿后失效。合同正本一式叁份，借、贷双方各执壹份；副本壹份，报送银行监督管理委员会。

甲方：金陵钱多多家具有限公司　　乙方：中国工商银行金陵玄武支行
　　　　　　　　　　　　　　　签约日期：2017年01月01日

单据 6-7-8　借款合同

【业务 6.7.6】

利息计算表

项　目	数　值
短期贷款本金（元）	1000000
年利率（%）	6
2017年1月份利息（元）	5000

单据 6-7-9　利息计算表

【业务 6.7.7】

中国工商银行 业务回单（付款）

日期： 2017年 04月 01日　　　　　回单编号： 1534911016

付款人户名： 金陵钱多多家具有限公司　　付款人开户行： 中国工商银行金陵玄武支行
付款人账号（卡号）： 1298010002000316285
收款人户名： 中国工商银行金陵玄武支行　　收款人开户行： 中国工商银行金陵玄武支行
收款人账号（卡号）： 1298010002000100111
金额： 壹万伍仟元整　　　　　　　　　小写： 15000.00元
业务（产品）种类： 结算业务凭证　　凭证种类： 000000000　凭证号码： 00000000000000000
摘要： 偿还利息　　　　用途：　　　　　币种： 人民币
转账
交易机构： 0410000292　记账柜员： 03741　交易代码：　　渠道： 柜面
02108
产品名称：　　　　　　　费用名称：
应收金额：　15000.00　实收金额：　15000.00　收费渠道：
本回单为第一次打印，注意重复　　打印日期： 2017年 04月 01日　打印柜员： 9　验证码： 0A87640EF006

单据 6-7-10　业务回单

单据 6-7-11　进账单

【业务 6.7.8】

借款合同（摘要）

甲方：金陵钱多多家具有限公司（简称借款方）
乙方：中国工商银行金陵玄武支行（简称贷款方）
根据国家规定，借款方经贷款方审查同意发放长期借款。为明确双方责任，恪守信用，特签订本合同，共同遵守。
第一条　借款方向贷款方借款人民币（大写）壹佰万元整，期限两年，年利率为8%。
第二条　自支用贷款之日起，按年计算利息，利息按年支付，到期归还本金。
……
第八条　本合同经双方签字、盖章后生效，贷款本息全部清偿后失效。合同正本一式叁份，借、贷双方各执壹份；副本壹份，报送银行监督管理委员会。

甲方：金陵钱多多家具有限公司　　乙方：中国工商银行金陵玄武支行
　　　　　　　　　　　　　　　　签约日期：2017年01月01日

单据 6-7-12　借款合同

【业务 6.7.9】

ICBC 中国工商银行　业务回单（付款）

日期：2017年 01月 01日　　回单编号：1534911017
付款人户名：金陵钱多多家具有限公司　　付款人开户行：中国工商银行金陵玄武支行
付款人账号（卡号）：1298010002000316285
收款人户名：宏发建筑有限公司　　收款人开户行：中国工商银行东湖分行
收款人账号（卡号）：0921100809111143543
金额：捌拾万元整　　小写：800000.00元
业务（产品）种类：结算业务凭证　　凭证种类：000000000　　凭证号码：00000000000000000
摘要：支付工程款　　用途：
转账　　　　　　　　　币种：人民币
交易机构：0410000292　记账柜员：03741　交易代码：　　渠道：柜面
02108
产品名称：　　　　　　费用名称：
应收金额：800000.00　实收金额：800000.00　收费渠道：
本回单为第一次打印，注意重复　打印日期：2017年 01月 01日　打印柜员：9　验证码：0A87640EF006

单据 6-7-13　业务回单

单据 6-7-14　进账单

【业务 6.7.10】

利息计算表

项目	数值
长期借款本金（元）	1000000
年利率（%）	8
2017年的借款利息（元）	80000

单据 6-7-15　利息计算表

【业务 6.7.11】

单据 6-7-16　业务回单

【业务 6.7.12】

股东大会决议(摘要)

……
经股东大会批准,我公司于2017年08月01日发行股票1000万股,每股面值为1元。
……

金陵钱多多家具有限公司
董事长:钱多多
2017年08月01日

单据 6-7-17　股东大会决议

股票承销协议(摘要)

甲方:金陵钱多多家具有限公司
乙方:中信证券交易所
　　甲、乙双方就由乙方负责承销甲方普通股股票一事,通过平等协商,达成如下条款:
……
一、承销股票1000万股,每股面值为1元,发行价格为1.5元。
二、承销费用为发行收入的2%,从发行收入中扣除。
……

甲方:金陵钱多多家具有限公司　　乙方:中信证券交易所(章)

签约日期:2017年08月01日

单据 6-7-18　股票承销协议

单据 6-7-19　进账单

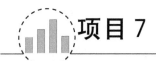

项目 7

费用会计岗位实训

任务 7.1 管理费用核算

【业务 7.1.1】

单据 7-1-1 报销单

单据 7-1-2 增值税普通发票

【业务 7.1.2】

单据 7-1-3 差旅费报销单

单据 7-1-4　火车票

单据 7-1-5　火车票

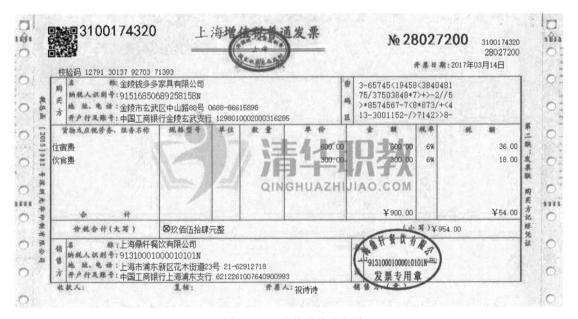

单据 7-1-6　增值税普通发票

【业务 7.1.3】

报 销 单 现金付讫

填报日期 2017年 03 月 19 日　　单据及附件共 1 张

姓名	孙瑶	所属部门	管理部门	报销形式	现金
				支票号码	

报销项目	摘要	金额	备注
办公用品		585.00	
合 计		￥585.00	

金额大写 零拾零万零仟伍佰捌拾伍元零角零分　原借款：　　元　应退(补)款：　　元

单据 7-1-7　报销单

单据 7-1-8　增值税普通发票

【业务 7.1.4】

无形资产摊销表

项 目	数 值
无形资产原值（元）	240000
预计使用年限（年）	10
每月计提的无形资产摊销（元）	2000

单据 7-1-9　无形资产摊销表

【业务 7.1.6】

职工福利费计算表

项 目	数 值
管理人员工资（元）	8000
计提比例（%）	14
计提职工福利费（元）	1120

单据 7-1-10　职工福利费计算表

【业务 7.1.7】

工会经费计算表

项 目	数 值
管理人员工资（元）	8000
计提比例（%）	2
计提工会经费（元）	160

单据 7-1-11　工会经费计算表

【业务 7.1.8】

职工教育经费计算表

项 目	数 值
管理人员工资（元）	8000
计提比例（%）	2.5
计提职工教育经费（元）	200

单据 7-1-12　职工教育经费计算表

【业务 7.1.9 】

社会保险费计算表

项 目	数 值
管理人员工资（元）	8000
计提比例（%）	10
计提社会保险费（元）	800

单据 7-1-13　社会保险费计算表

任务 7.2　外购固定资产核算

【业务 7.2.3 】

单据 7-2-1　银行收费单

【业务 7.2.4】

单据 7-2-2　银行利息凭证

任务 7.3　销售费用核算

【业务 7.3.1】

单据 7-3-1　增值税普通发票

单据 7-3-2　业务回单

单据 7-3-3　进账单

【业务 7.3.2】

出 库 单

出货单位：金陵钱多多家具有限公司　　　2017 年 03 月 03 日　　　单号：325446

提货单位或领货部门	名称及规格	销售单号	单位	数量		发出仓库	单价	第二仓库	金额	出库日期	2017.03.03	备注
编号				应发	实发							
21	包装物			30	30		30.00		900.00			
	合计			30	30		30.00		900.00			

部门经理：周白　　会计：张雯　　仓库：张慧　　经办人：张高丽

单据 7-3-4　出库单

【业务 7.3.3】

单据 7-3-5　增值税普通发票

单据 7-3-6　业务回单

单据 7-3-7　进账单

【业务 7.3.5】

工会经费计算表

项　目	数　值
销售部门工资（元）	80000
计提比例（%）	2
计提工会经费（元）	1600

单据 7-3-8　工会经费计算表

【业务 7.3.6】

职工教育经费计算表

项　目	数　值
销售部门工资（元）	80000
计提比例（%）	2.5
计提职工教育经费（元）	2000

单据 7-3-9　职工教育经费计算表

【业务 7.3.7】

职工福利费计算表

项　目	数　值
销售部门工资（元）	80000
计提比例（%）	14
计提职工福利费（元）	11200

单据 7-3-10　职工福利费计算表

任务 7.4　期间费用核算

【业务 7.4.1】

单据 7-4-1　增值税普通发票

单据 7-4-2 报销单

【业务 7.4.2】

单据 7-4-3 增值税普通发票

报销单 现金付讫

填报日期：2017年03月09日　　单据及附件共 1 张

姓名	刘成海	所属部门	管理部门	报销形式	现金		
				支票号码			

报销项目	摘要	金额	备注
办公用品		585.00	
合　计		￥585.00	

金额大写：零拾零万零仟伍佰捌拾伍元零角零分　原借款：　　元　应退(补)款：　　元

单据 7-4-4　报销单

【业务 7.4.3】

固定资产折旧计算表

项目	数值
固定资产账面原值（万元）	610
预计净残值（万元）	10
预计使用年限（年）	20
月折旧额（万元）	2.5

单据 7-4-5　固定资产折旧计算表

【业务 7.4.4】

无形资产摊销计算表

项目	数值
无形资产账面价值（元）	12000－2000－2000＝8000.00
摊销年限（年）	5
年摊销额（元）	8000÷5＝1600
季度摊销额（元）	1600÷4＝400

单据 7-4-6　无形资产摊销计算表

【业务 7.4.5】

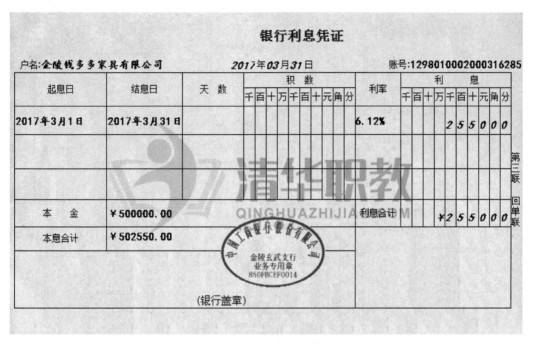

单据 7-4-7　银行利息凭证

【业务 7.4.6】

单据 7-4-8　业务回单

【业务 7.4.7】

单据 7-4-9　增值税普通发票

单据 7-4-10　业务回单

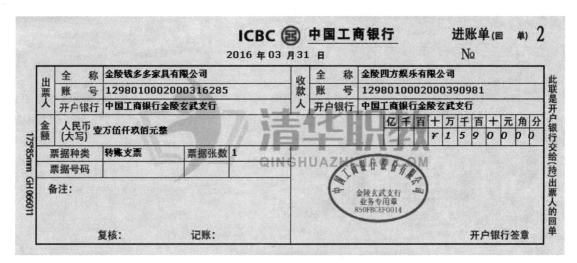

单据 7-4-11　进账单

【业务 7.4.8】

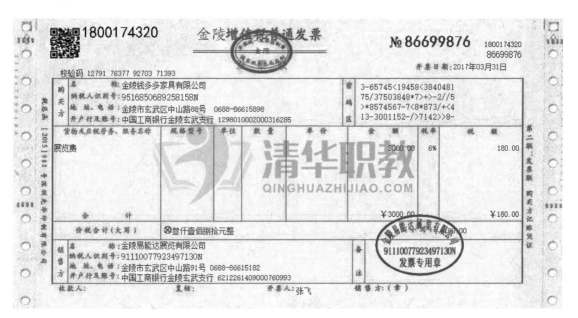

单据 7-4-12　增值税普通发票

单据 7-4-13　业务回单

单据 7-4-14　进账单

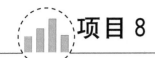

项目 8

财务成果核算会计岗位实训

任务 8.1　外购固定资产核算

【业务 8.1.1】

单据 8-1-1　增值税专用发票

单据 8-1-2　进账单

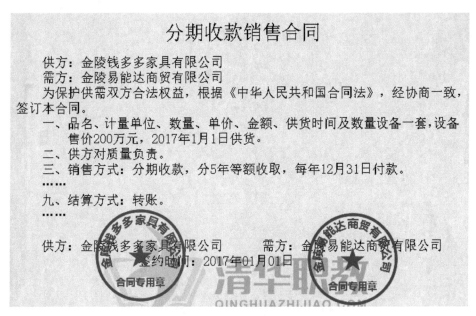

单据 8-1-3　分期收款销售合同

【业务 8.1.2】

单据 8-1-4　增值税专用发票

单据 8-1-5　进账单

【业务 8.1.3】

单据 8-1-6　增值税专用发票

单据 8-1-7 进账单

【业务 8.1.4】

单据 8-1-8 增值税专用发票

单据 8-1-9 进账单

【业务 8.1.5】

单据 8-1-10 增值税专用发票

【业务 8.1.6】

单据 8-1-11　增值税专用发票

任务 8.2　营业成本核算

【业务 8.2.1】

单据 8-2-1　出库单

【业务 8.2.2】

出 库 单

出货单位：金陵钱多多家具有限公司　　2017 年 03 月 31 日　　单号：0013154

提货单位或领货部门	金陵易能达商贸有限公司	销售单号	54863426	发出仓库	第二仓库	出库日期	2017.03.31
编号	名称及规格	单位	数量 应发	数量 实发	单价	金额	备注
07	家具	套	20	20	350.00	7,000.00	
	合计						

部门经理：李林　　会计：张雯　　仓库：周白　　经办人：张慧

单据 8-2-2　出库单

【业务 8.2.3】

无形资产摊销计算表

项目	数值
无形资产账面价值（年）	12000－2000－2000－1600=6400
摊销年限（年）	4
季度摊销额（元）	400

单据 8-2-3　无形资产摊销计算表

【业务 8.2.4】

出 库 单

出货单位：金陵钱多多家具有限公司　　2017 年 04 月 30 日　　单号：0013157

提货单位或领货部门	金陵易能达商贸有限公司	销售单号	01470088	发出仓库	第三仓库	出库日期	2017.04.30
编号	名称及规格	单位	数量 应发	数量 实发	单价	金额	备注
11	乳胶	吨	800	800	50.00	40,000.00	
	合计						

部门经理：李林　　会计：张雯　　仓库：周白　　经办人：张慧

单据 8-2-4　出库单

任务 8.3 税金及附加的核算

【业务 8.3.1】

消费税计算表

项 目	数 值
应税轿车单位金额（元）	100000
数量（辆）	20
应税金额（元）	2000000
消费税税率（%）	5
应缴纳消费税（元）	100000

单据 8-3-1 消费税计算表

【业务 8.3.2】

城市维护建设税计算表

项 目	数 值
应交增值税（元）	320000
应交纳消费（元）	160000
税基（元）	480000
所在地城市维护建设税税率（%）	7
应交城市维护建设税（元）	33600

单据 8-3-2 城市维护建设税计算表

【业务 8.3.3】

教育费附加计算表

项 目	数 值
应交增值税（元）	320000
应交消费税（元）	160000
税基（元）	480000
教育费附加税率(%)	3
应交教育费附加（元）	14400

单据 8-3-3 教育费附加计算表

任务 8.4 其他与利润相关项目的核算

【业务 8.4.1】

固定资产清理计算表

项 目	金额（万元）
原值	100
已提折旧	50
账面价值	50
转让收入	45
清理费用	5
差额	−10

单据 8-4-1 固定资产清理计算表

【业务 8.4.2】

单据 8-4-2 业务回单

单据 8-4-3　进账单

【业务 8.4.3】

单据 8-4-4　进账单

【业务 8.4.4】

长期股权投资损益计算表

项　目	数　值
被投资公司净利润额（万元）	400
本公司持有被投资公司的股份份额（%）	30
本公司确认的投资收益（万元）	120

单据 8-4-5　长期股权投资损益计算表

【业务 8.4.5】

长期股权投资损益计算表

项 目	数 值
被投资公司净亏损额（万元）	-200
本公司持有被投资公司的股份份额（%）	30
本公司确认的投资收益（万元）	-60

单据 8-4-6　长期股权投资损益计算表

【业务 8.4.6】

董事会决议（摘要）

2017年06月30日，公司召开第七届董事会。公司2017年01月01日购入的上海美新商贸有限公司的股票，因对方经营困难，根据盈利预期和有关专家部门的估定，经董事会研究决定，金陵钱多多家具有限公司对上海美新商贸有限公司的投资预计可收回金额为272万元，其账面价值为294万元，应计提长期投资减值准备22万元整。

金陵钱多多家具有限公司
2017年06月30日

单据 8-4-7　董事会决议

【业务 8.4.7】

企业所得税计算表

项 目	数 值
应纳税所得额（元）	600000
所得税税率（%）	25
应纳所得税额（元）	150000

单据 8-4-8　企业所得税计算表

任务 8.5 利润形成核算

【业务 8.5.1】 【业务 8.5.2】 【业务 8.5.3】 【业务 8.5.4】

2017年损益类科目余额表

科目名称	本期累计借方发生额	本期累计贷方发生额	本年累计借方发生额	本年累计贷方发生额
主营业务收入		350000.00		
主营业务成本	234550.80			
税金及附加	1258.00			
销售费用	20000.00			
管理费用	32320.00			
财务费用	8150.00			
投资收益		15000.00		
其他业务收入		5000.00		
其他业务成本	4500.00			
营业外收入		2500.00		
营业外支出	20000.00			
所得税费用	17068.00			

单据 8-5-1 损益类科目余额表

任务 8.6 利润分配核算

【业务 8.6.3】

现金股利计算表

项　目	数　值
2017年实现净利润（元）	1500000
股东会议决议分配比例（%）	30
2017年12月31日分配现金股利（元）	450000

单据 8-6-1 现金股利计算表

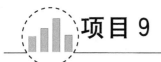

项目 9

财务报告岗位实训

任务 9.1 资产负债表的编制

【业务 9.1.1】

科目余额表

单位:元

科目名称及明细名称	期末余额	年初余额	科目名称及明细名称	期末余额	年初余额
库存现金	435600.00	100000.00	短期借款	100000.00	300000.00
银行存款	250000.00	487600.00	应付票据	200000.00	50000.00
交易性金融资产	490000.00	500000.00	应付账款	950000.00	890000.00
应收票据		15000.00	——北京华美贸易有限公司	246000.00	453000.00
应收账款			——北京鸿荣机械有限公司	704000.00	437000.00
——中岳股份有限公司	100000.00	200000.00	预收款项		60000.00
——健祥集团有限公司	350000.00	250000.00	应付职工薪酬——工资	90000.00	90000.00
——南台实业有限公司	13200.00	10200.00	应付职工薪酬——福利费	10000.00	9000.00
坏账准备	4000.00	1000.00	应交税费	80000.00	20000.00
预付账款	10000.00		应付利息	10000.00	11000.00
应收股利	60000.00	18000.00	其他应付款	59000.00	60000.00
其他应收款	10000.00	18000.00	长期借款	600000.00	1600000.00
原材料	50000.00	80000.00	其中:一年内到期的长期借款		1000000.00
周转材料——包装物	80000.00	90000.00	应付债券	1000000.00	
周转材料——低值易耗品	10000.00	10000.00			
库存商品	1100000.00	1090000.00	实收资本	4000000.00	4000000.00
长期股权投资	520000.00	500000.00	资本公积	108000.00	
固定资产	1069000.00	1160000.00	盈余公积	120000.00	100000.00
累计折旧	200000.00	60000.00	利润分配(未分配利润)	156800.00	187800.00

单据 9-1-1 科目余额表(第 1 页)

科目余额表

单位:元

科目名称及明细名称	期末余额	年初余额	科目名称及明细名称	期末余额	年初余额
在建工程	2000000.00	2000000.00			
工程物资	50000.00				
无形资产	1010000.00	800000.00			
生产成本	30000.00	10000.00			
长期待摊费用	50000.00	100000.00			
资产合计	7483800.00	7377800.00	负债和所有者权益合计	7483800.00	7377800.00

单据 9-1-2 科目余额表(第 2 页)

【业务 9.1.2】

科目余额表

单位：元

科目名称及明细名称	借方余额	科目名称及明细名称	贷方余额
库存现金	7600.00	短期借款	300000.00
银行存款	580000.00	应付票据	50000.00
交易性金融资产	500000.00	应付账款	890000.00
应收票据	15000.00	——北京鸿莱机械有限公司	428000.00
应收账款		——北京华美贸易有限公司	462000.00
——中岳股份有限公司	200000.00	应付职工薪酬——工资	90000.00
——健祥集团有限公司	260000.00	应付职工薪酬——福利费	9000.00
——南台实业有限公司	-60000.00	其他应付款	60000.00
坏账准备	-8400.00	应交税费	20000.00
其他应收款	18000.00	应付利息	11000.00
原材料	180000.00	长期借款	1600000.00
周转材料——包装物	30000.00	其中：一年内到期的长期借款	1000000.00
周转材料——低值易耗品	50000.00	实收资本	4000000.00
库存商品	1020000.00	盈余公积	100000.00
长期股权投资	500000.00	利润分配-未分配利润	187800.00
固定资产	1500000.00		
累计折旧	-400000.00		
在建工程	2000000.00		
无形资产	800000.00		
生产成本	25600.00		
长期待摊费用	100000.00		
资产合计	7317800.00	负债和所有者权益合计	7317800.00

制表：

单据 9-1-3　科目余额表

任务 9.2　利润表的编制

【业务 9.2.1】

损益类科目余额表

单位：元

会计科目	借方余额	贷方余额
主营业务收入		2360000.00
主营业务成本	961000.00	
营业税金及附加	63000.00	
销售费用	10000.00	
管理费用	379000.00	
财务费用	50000.00	
投资收益		1030000.00
其他业务收入		
其他业务成本		
营业外收入		
营业外支出	239000.00	
所得税费用	266640.00	

制表：

单据 9-2-1　损益类科目余额表

【业务9.2.2】

损益类科目余额表

单位:元

会计科目	借方余额	贷方余额
主营业务收入		3750000.00
主营业务成本	2250000.00	
营业税金及附加	6000.00	
销售费用	210000.00	
管理费用	324000.00	
财务费用	124500.00	
投资收益		154500.00
其他业务收入		
其他业务成本		
营业外收入		150000.00
营业外支出	60000.00	
所得税费用	306900.00	

制表:

单据9-2-2 损益类科目余额表

任务9.3 现金流量表的编制

【业务9.3.1】

损益类科目余额表

单位:万元

会计科目	借方发生额	贷方发生额
主营业务收入		5000.00
主营业务成本	3500.00	
营业税金及附加	51.00	
销售费用	300.00	
管理费用	500.00	
财务费用	25.00	
资产减值损失	0.00	0.00
投资收益		30.00
营业外收入		
营业外支出	20.00	
所得税费用	198.00	

制表:

单据9-3-1 损益类科目余额表

资产负债类科目余额表

单位：万元

科目名称	年初余额		本年发生额		年末余额	
	借方余额	贷方余额	借方余额	贷方余额	借方余额	贷方余额
交易性金融资产	100		500	400	200	
应收票据	300			300		
应收账款	500		3000	2800	700	
——中岳股份有限公司	600		2500	2200	900	
——健祥集团有限公司		100	500	600		200
坏账准备		6		3		9
应收股利			10	10		
原材料	300		2000	2200	100	
制造费用			800	800		
生产成本	100		4000	3800	300	
库存商品	200		3800	3500	500	
固定资产	5000		400	1000	4400	
累计折旧		2000	800	200		1400
在建工程	1000		300		1300	
短期借款			200	250		50
长期借款		1000				1000
应付账款		300	1300	1200		200
——华联商厦有限公司		500	1200	1000		300
——长安集团有限公司	200		100	200	100	
应付职工薪酬		30	1160	1200		70
应交税费（总）		55	1319.3	1325.3		61
——应交增值税			850	850		
——未交增值税		30	180	200		50
——应交其他税金		25	289.3	275.3		11

制表：

单据 9-3-2　资产负债类科目余额表

其他有关资料

1. 交易性金融资产的取得与出售均为现金结算,且交易性金融资产均不属于现金等价物;现金及现金等价物的期初余额为310万元。

2. "制造费用"及"生产成本"科目借方发生额含工资及福利费1000万元、折旧费180万元,不含其他摊入的费用。

3. "固定资产"科目借方发生额均为现金购入的固定资产400万元;"在建工程"科目借方发生额含用现金支付的资本化利息费用30万元,以及用现金支付的出包工程款270万元。

4. 应付职工薪酬均为生产经营人员的工资及福利费。

5. "应交税费——应交增值税"科目借方发生额含增值税进项税额340万元、已交税金310万元、转出未交增值税210万元,贷方发生额为销售商品发生的销项税额850万元;"应交税费——未交增值税"科目借方发生额为交纳的增值税180万元。

6. "销售费用"及"管理费用"科目借方发生额含工资及福利费200万元、离退休人员费80万元、计提坏账准备3万元、折旧费20万元、房产税和印花税30万元以及用现金支付的其他费用467万元。

7. "财务费用"科目借方发生额含票据贴现利息5万元以及用现金支付的其他利息。

8. "投资收益"科目贷方发生额含出售股票获得的投资收益20万元以及收到的现金股利。

单据9-3-3 其他有关资料

任务9.4 财务报告

【业务9.4.1】

科目余额表

单位：元

科目名称	借方余额	科目名称	贷方余额
库存现金	2,000.00	短期借款	50,000.00
银行存款	805,831.00	应付票据	100,000.00
其他货币资金	7,300.00	应付账款	953,800.00
交易性金融资产	0.00	其他应付款	50,000.00
应收票据	66,000.00	应付职工薪酬	180,000.00
应收账款	600,000.00	应交税费	226,731.00
坏账准备	−1,800.00	应付利息	0.00
预付账款	100,000.00	应付股利	32,215.85
其他应收款	5,000.00	一年内到期的长期负债	0.00
材料采购	275,000.00	长期借款	1,160,000.00
原材料	45,000.00	股本	5,000,000.00
周转材料	38,050.00	盈余公积	124,770.40
库存商品	2,122,400.00	利润分配（未分配利润）	218,013.75
材料成本差异	4,250.00		
其他流动资产	100,000.00		
长期股权投资	250,000.00		
固定资产	2,401,000.00		
累计折旧	−170,000.00		
固定资产减值准备	−30,000.00		

制表：

单据9-4-1 科目余额表（第1页）

科目余额表

单位：元

科目名称	借方余额	科目名称	贷方余额
工程物资	300,000.00		
在建工程	428,000.00		
无形资产	600,000.00		
累计摊销	−60,000.00		
递延所得税资产	7,500.00		
其他长期资产	200,000.00		
合计	8,095,531.00	合计	8,095,531.00

制表：

单据9-4-2 科目余额表（第2页）

资产负债表

会企01表
单位：元

资产	期末余额	年初余额	负债和所有者权益(或股东权益)	期末余额	年初余额
流动资产：			流动负债：		
货币资金	1406300.00	(略)	短期借款	300000.00	(略)
交易性金融资产	15000.00		交易性金融负债	0.00	
应收票据	246000.00		应付票据	200000.00	
应收账款	299100.00		应付账款	953800.00	
预付账款	100000.00		预收账款	0.00	
应收利息	0.00		应付职工薪酬	110000.00	
应收股利	0.00		应交税费	36600.00	
其他应收款	5000.00		应付利息	1000.00	
存货	2580000.00		应付股利	0.00	
一年内到期的非流动资产	0.00		其他应付款	50000.00	
其他流动资产	100000.00		一年内到期的非流动负债	1000000.00	
流动资产合计	4751400.00		其他流动负债	0.00	
非流动资产：			流动负债合计	2651400.00	
可供出售金融资产	0.00		非流动负债：		
长期应收款	0.00		应付债券	0.00	
长期股权投资	250000.00		长期应付款	0.00	
投资性房地产	0.00		专项应付款	0.00	
固定资产	1100000.00		预计负债	0.00	
在建工程	1500000.00		递延所得税负债	0.00	
工程物资	0.00		其他非流动负债	0.00	
固定资产清理	0.00		非流动负债合计	600000.00	
生产性生物资产	0.00		负债合计	3251400.00	
油气资产	0.00		所有者权益(或股东权益)：		
无形资产	600000.00		实收资本(或股本)	5000000.00	
开发支出	0.00		资本公积	0.00	
商誉	0.00		减：库存股	0.00	
长期待摊费用	0.00		盈余公积	100000.00	
递延所得税资产	0.00		未分配利润	50000.00	
其他非流动资产	200000.00		所有者权益(或股东权益)合计	5150000.00	
非流动资产合计	3650000.00				
资产总计	8401400.00		负债和所有者权益(或股东权益)合计	8401400.00	

单位负责人：任冬梅　　会计主管：　　复核：　　制表：

单据9-4-3　资产负债表

【业务 9.4.2】

损益类科目余额表

单位：元

会计科目	借方发生额	贷方发生额
主营业务收入		1250000.00
主营业务成本	750000.00	
营业税金及附加	2000.00	
销售费用	20000.00	
管理费用	157100.00	
财务费用	41500.00	
资产减值损失	30900.00	
投资收益		31500.00
营业外收入		50000.00
营业外支出	19700.00	
所得税费用	85300.00	

制表：

单据 9-4-4 损益类科目余额表

其他相关资料

2017年度利润表有关项目的明细资料如下。

（1）管理费用的组成：职工薪酬17100元，无形资产摊销60000元，折旧费20000元，支付其他费用60000元。

（2）财务费用的组成：计提借款利息11500元，支付应收票据（银行承兑汇票）贴现利息30000元。

（3）资产减值损失的组成：计提坏账准备900元，计提固定资产减值准备30000元。上年年末坏账准备余额为900元。

（4）投资收益的组成：收到股息收入30000元，与本金一起收回的交易性股票投资收益500元，自公允价值变动损益结转投资收益1000元。

（5）营业外收入的组成：处置固定资产净收益50000元（其所处置固定资产原价为400000元，累计折旧为150000元，收到处置收入300000元）。假定不考虑与固定资产处置有关的税费。

（6）营业外支出的组成：报废固定资产净损失19700元（其所报废固定资产原价为200000元，累计折旧为180000元，支付清理费用500元，收到残值收入800元）。

（7）所得税费用的组成：当期所得税费用92800元，递延所得税收益7500元。
解释：涉及的分录
借：所得税费用　　　　　85300
　　递延所得税资产　　　 7500
　贷：应交税费　　　　　　　　92800
除上述项目外，利润表中的销售费用20000元至期末已经支付。

单据 9-4-5 其他相关资料

项目 10

稽核岗位实训

任务 10.1 原始凭证稽核

【业务 10.1.1】

单据 10-1-1 差旅费报销单

单据 10-1-2 增值税普通发票

单据 10-1-3 火车发票

单据 10-1-4 火车发票

【业务 10.1.2】

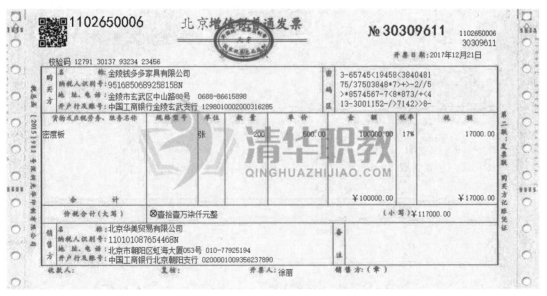

单据 10-1-5 增值税普通发票

单据 10-1-6　增值税专用发票

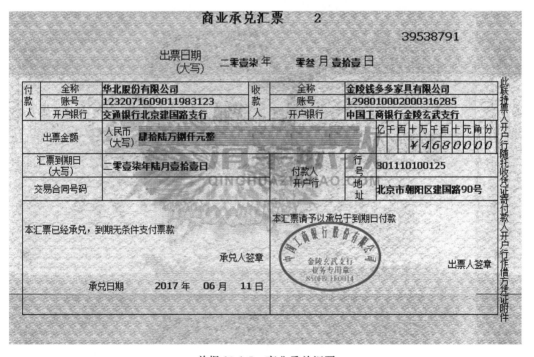

单据 10-1-7　商业承兑汇票

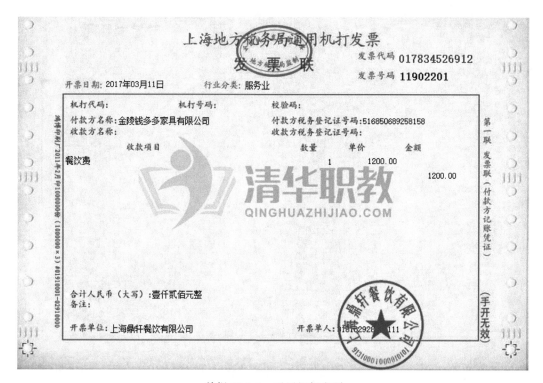

单据 10-1-8　通用机打发票

【业务 10.1.3】

单据 10-1-9　转账支票

库存现金盘点表

2017 年 03 月 31 日 单位：元

票面额	张数	金额	票面额	张数	金额
壹佰元	10	1000	伍角	3	1.50
伍拾元	1	50	贰角		
贰拾元	4	80	壹角		
拾元	1	10	伍分		
伍元	3	15	贰分		
贰元			壹分		
壹元			合计		1156.50
现金日记账账面余额：1056.50					
差额：100.00					
处理意见：					

财务经理：　　　　　　　　监盘人员：　　　　　　　　出纳：

单据 10-1-10　库存现金盘点表

单据 10-1-11　出库单

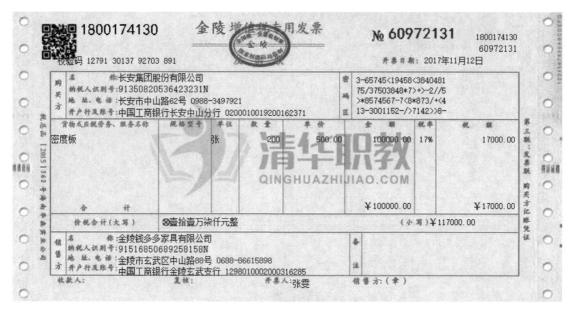

单据 10-1-12 增值税专用发票

【业务 10.1.4】

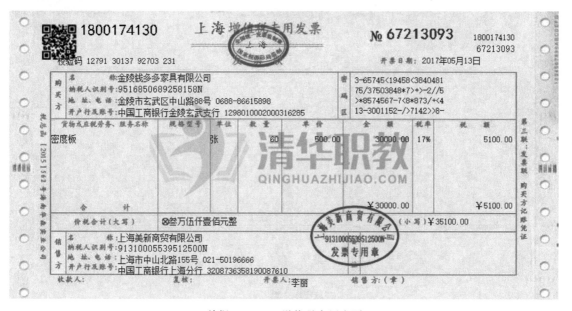

单据 10-1-13 增值税专用发票

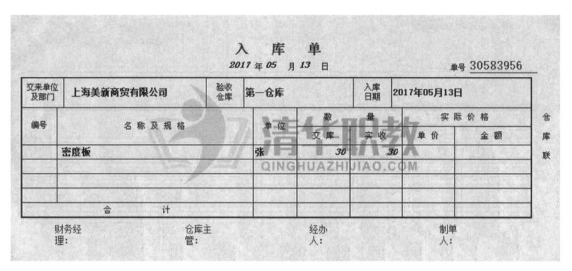

单据 10-1-14　入库单

【业务 10.1.5】

单据 10-1-15　增值税专用发票

单据 10-1-16　销售单

任务 10.2　记账凭证稽核

【业务 10.2.1】

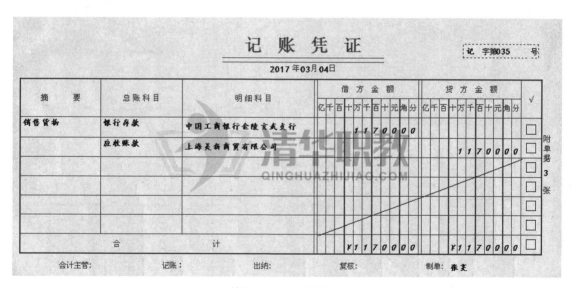

单据 10-2-1　记账凭证

单据 10-2-2　增值税专用发票

单据 10-2-3　销售单

单据10-2-4 进账单

【业务10.2.2】

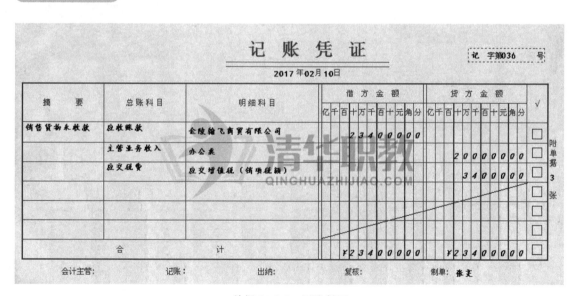

单据10-2-5 记账凭证

单据 10-2-6　销售单

单据 10-2-7　出库单

单据 10-2-8　增值税专用发票

【业务 10.2.3】

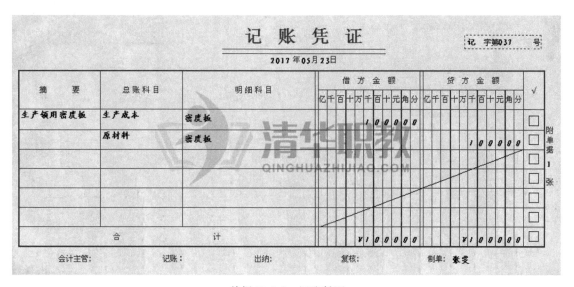

单据 10-2-9　记账凭证

单据 10-2-10 领料单

任务 10.3 明细账稽核

【业务 10.3.1】

单据 10-3-1 应收账款明细账——美新商贸

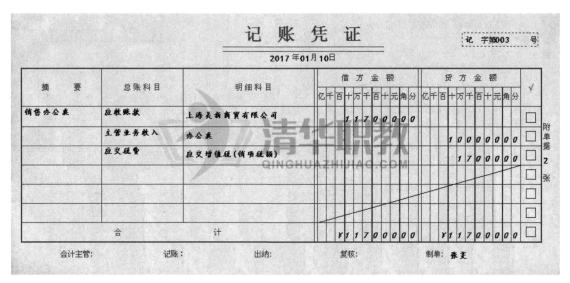

单据10-3-2 记账凭证

单据10-3-3 记账凭证

【业务 10.3.2】

原材料明细账——密度板   分页 2 总页 25

编号、名称：密度板 存放地点：第二仓库 计量单位：张

2017年		凭证字号	摘要	收入			付出			结存		
月	日			数量	单价	金额	数量	单价	金额	数量	单价	金额
02	01		承前页	156	500.00	78000 00	132	500.00	66000 00	36	500.00	18000 00
02	02	记008	购进密度板	60	500.00	30000 00				96	500.00	48000 00
02	18	记021	购进密度板	180	500.00	90000 00				276	500.00	138000 00
02	20	记022	领用密度板				120	500.00	60000 00	156	500.00	78000 00
02	21	记025	购进密度板	144	500.00	72000 00				264	500.00	132000 00
			本月合计	384		192000 00	120		60000 00	264	500.00	132000 00

单据 10-3-4　原材料明细账——密度板

单据 10-3-5　入库单

单据 10-3-6　入库单

单据 10-3-7　出库单

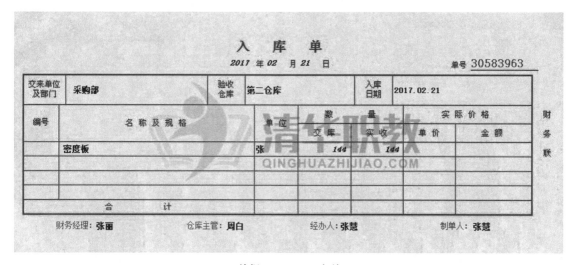

单据 10-3-8　入库单

【业务 10.3.3】

应付账款明细账

分页：9　总页：25

一级科目：应付账款　　　二级科目：金陵积善行商贸有限公司

2017年		凭证		摘要	√	借方	贷方	借或贷	余额
月	日	种类	号数			百十万千百十元角分	百十万千百十元角分		百十万千百十元角分
04	01			承前页		4 5 7 0 0 0 0 0	5 7 4 0 0 0 0 0		1 1 7 0 0 0 0 0
04	01	记	007	购买钢板			1 1 7 0 0 0 0 0		2 3 4 0 0 0 0 0
04	05	记	043	支付货款		1 1 7 0 0 0 0 0			1 1 7 0 0 0 0 0
04	21	记	143	购买钢板			2 3 4 0 0 0 0 0		3 5 1 0 0 0 0 0
04	28	记	166	支付货款		2 3 4 0 0 0 0 0			1 1 7 0 0 0 0 0
				本月合计		3 5 1 0 0 0 0 0	3 5 1 0 0 0 0 0		1 1 7 0 0 0 0 0

单据 10-3-9　应付账款明细账——积善行

记账凭证

2017年04月01日　　　　记 字第007 号

摘要	总账科目	明细科目	借方金额	贷方金额	√
			亿千百十万千百十元角分	亿千百十万千百十元角分	
购买窗废板	原材料	窗废板	1 0 0 0 0 0 0 0		
	应交税费	应交增值税（进项税额）	1 7 0 0 0 0 0		
	应付账款	金陵积善行商贸有限公司		1 1 7 0 0 0 0 0	
合　　计			￥1 1 7 0 0 0 0 0	￥1 1 7 0 0 0 0 0	

会计主管：　　记账：　　出纳：　　复核：　　制单：张艾

附单据1张

单据 10-3-10　记账凭证

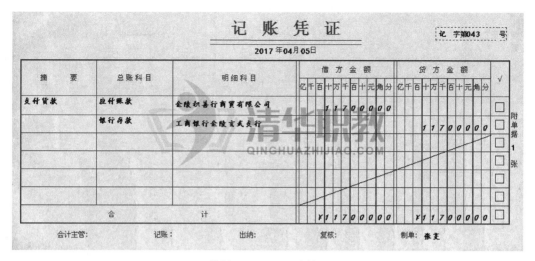

单据 10-3-11 记账凭证

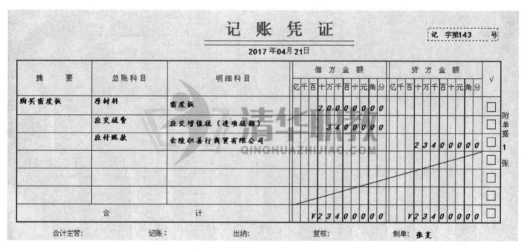

单据 10-3-12 记账凭证

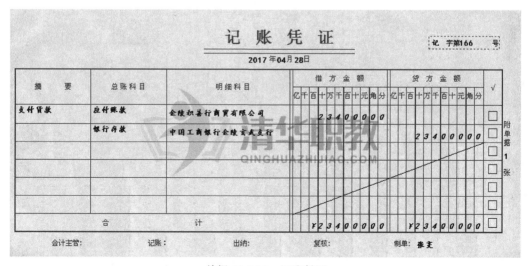

单据 10-3-13 记账凭证

【业务 10.3.4】

预收账款明细账

分页：4　总页：25

一级科目：预收账款　　二级科目：金陵易能达商贸有限公司

2017年		凭证		摘要	√	借方	贷方	借或贷	余额
月	日	种类	号数						
04	02			承前页		27000 00	27000 00	平	0 00
04	02	记	011	预收货款			50000 00	贷	50000 00
04	20	记	078	销售办公椅		46800 00		贷	3200 00
04	20	记	090	退款		3200 00		平	0 00
				本月合计		50000 00	50000 00	平	0 00

单据 10-3-14　预收账款明细账——易能达

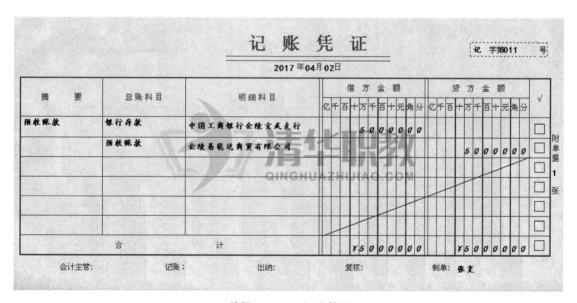

单据 10-3-15　记账凭证

单据10-3-16　记账凭证

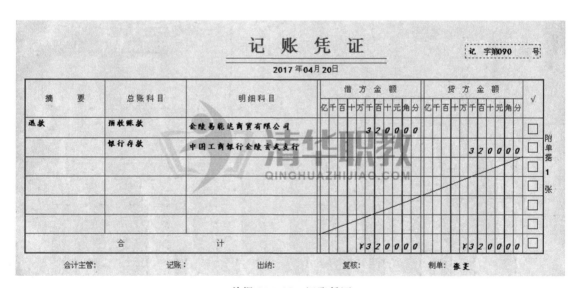

单据10-3-17　记账凭证

任务 10.4 总账稽核

【业务 10.4.1】

分页: 8 总页: 25

应收账款 总分类账

科目:

2017年		凭证		摘要	借方	贷方	借或贷	余额	√
月	日	字	号		亿千百十万千百十元角分	亿千百十万千百十元角分		亿千百十万千百十元角分	
03	01			承前页	5 7 7 8 0 0 0 0	1 7 3 8 0 0 0 0	借	4 0 4 0 0 0 0 0	
03	31	科汇		3月份科目汇总表		3 6 4 9 0 0 0 0	借	3 9 1 0 0 0 0	
				本月合计		3 6 4 9 0 0 0 0	借	3 9 1 0 0 0 0	

单据 10-4-1 应收账款总账

分页: 3 总页: 25

应收账款明细账

一级科目: 应收账款   二级科目: 宏发建筑有限公司

2017年		凭证		摘要	√	借方	贷方	借或贷	余额
月	日	种类	号数			百十万千百十元角分	百十万千百十元角分		百十万千百十元角分
03	01			承前页		4 3 7 6 0 0 0 0	9 3 6 0 0 0 0	借	3 4 4 0 0 0 0 0
03	03	记	028	偿还部分货款			3 1 2 0 0 0 0 0	借	3 2 0 0 0 0 0
				本月合计			3 1 2 0 0 0 0 0	借	3 2 0 0 0 0 0

单据 10-4-2 应收账款明细账——宏发建筑

应收账款明细账

分页：4　总页：25

一级科目：**应收账款**　　二级科目：**金陵积善行商贸有限公司**

2017年		凭证		摘要	√	借方	贷方	借或贷	余额
月	日	种类	号数			百十万千百十元角分	百十万千百十元角分		百十万千百十元角分
03	01			承前页		7 6 8 0 0 0 0	5 1 9 0 0 0 0	借	2 4 9 0 0 0 0
03	07	记	056	偿还货款			2 4 9 0 0 0 0	平	0 0 0
				本月合计			2 4 9 0 0 0 0	平	0 0 0

单据 10-4-3　应收账款明细账——积善行

应收账款明细账

分页：5　总页：25

一级科目：**应收账款**　　二级科目：**金陵宏鑫实业有限公司**

2017年		凭证		摘要	√	借方	贷方	借或贷	余额
月	日	种类	号数			百十万千百十元角分	百十万千百十元角分		百十万千百十元角分
03	01			承前页		6 3 4 0 0 0 0	2 8 3 0 0 0 0	借	3 5 1 0 0 0 0
03	17	记	077	偿付货款			2 8 0 0 0 0 0	借	7 1 0 0 0 0
				本月合计			2 8 0 0 0 0 0	借	7 1 0 0 0 0

单据 10-4-4　应收账款明细账——宏鑫实业

【业务 10.4.2】

分页:10 总页:25

其他应收款总分类账

科目:

2017年		凭证		摘要	借方 亿千百十万千百十元角分	贷方 亿千百十万千百十元角分	借或贷	余额 亿千百十万千百十元角分	√
月	日	字	号						
10	01			承前页	5 4 0 0 0 0	2 9 3 0 0 0	借	3 0 0 0 0 0	
10	31	科汇		10月份科目汇总表	3 0 0 0 0 0	1 0 0 0 0 0	借	5 0 0 0 0 0	
				本月合计	3 0 0 0 0 0	1 0 0 0 0 0	借	5 0 0 0 0 0	

单据10-4-5 其他应收款总账

分页:8 总页:25

其他应收款明细账

一级科目: **其他应收款**   二级科目: **王玲**

2017年		凭证		摘要	√	借方 百十万千百十元角分	贷方 百十万千百十元角分	借或贷	余额 百十万千百十元角分
月	日	种类	号数						
10	01			承前页		2 0 0 0 0 0	5 6 0 0 0	借	1 4 4 0 0 0
10	17	记	088	收回部分欠款			4 4 0 0 0	借	1 0 0 0 0 0
				本月合计			4 4 0 0 0	借	1 0 0 0 0 0

单据10-4-6 其他应收款明细账——王玲

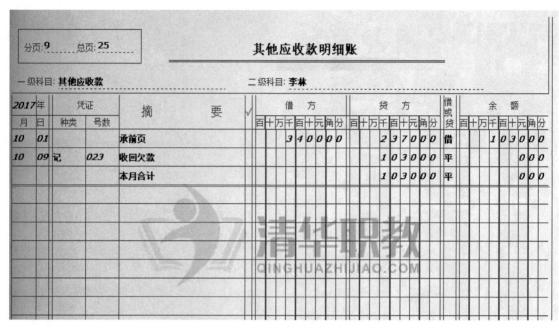

单据10-4-7 其他应收款明细账——李林

【业务10.4.3】

单据10-4-8 应付账款总账

应付账款明细账

分页:11 总页:25

一级科目:应付账款　　二级科目:上海美新商贸有限公司

2017年		凭证		摘要	√	借方	贷方	借或贷	余额
月	日	种类	号数						
08	01			承前页		2780 00	8120 00	贷	5340 00
08	13	记	023	购买商品			4000 00	贷	5340 00
				本月合计			4000 00	贷	5340 00

单据10-4-9　应付账款明细账——美新商贸

应付账款明细账

分页:12 总页:25

一级科目:应付账款　　二级科目:金陵易能达商贸有限公司

2017年		凭证		摘要	√	借方	贷方	借或贷	余额
月	日	种类	号数						
08	01			承前页		2890 00	5678 00	贷	2788 00
08	05	记	012	购买商品			4000 00	贷	6788 00
				本月合计			4000 00	贷	6788 00

单据10-4-10　应付账款明细账——易能达

【业务 10.4.4】

分页: 20　总页: 25

其他应付款总分类账

科目:

2017年		凭证		摘要	借方	贷方	借或贷	余额	√
月	日	字	号		亿千百十万千百十元角分	亿千百十万千百十元角分		亿千百十万千百十元角分	
10	01			承前页	6000 00	8000 00	贷	2000 00	
10	31	科汇		10月份科目汇总表		3000 00	贷	5000 00	
				本月合计		3000 00	贷	5000 00	

单据 10-4-11　其他应付款总账

分页: 16　总页: 25

其他应付款明细账

一级科目: **其他应付款**　　二级科目: **长安集团股份有限公司**

2017年		凭证		摘要	√	借方	贷方	借或贷	余额
月	日	种类	号数			百十万千百十元角分	百十万千百十元角分		百十万千百十元角分
10	01			承前页		6000 00	8000 00	贷	2000 00
10	26	记	078	应付固定资产租金			3000 00	贷	5000 00
				本月合计			3000 00	贷	5000 00

单据 10-4-12　其他应付款明细账——长安集团

【业务 10.4.5】

单据 10-4-13 销售费用总账

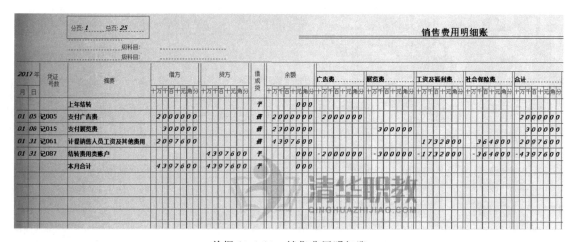

单据 10-4-14 销售费用明细账

任务 10.5　财务报表的稽核

【业务 10.5.1】

利润表 （一般企业会计准则）

编制单位：金陵钱多多家具有限公司　　　2017 年 06 月　　　　　　　　　　　　单位：元

项目	行次	本期金额	上期金额
一、营业收入	1	350,000.00	
减：营业成本	2	239,050.80	
税金及附加	3	1,258.00	
销售费用	4	20,000.00	
管理费用	5	32,320.00	
财务费用	6	8,150.00	
资产减值损失	7		
加：公允价值变动收益（损失以"—"号填列）	8		
投资收益（损失以"—"号填列）	9	9,000.00	
其中：对联营企业和合营企业的投资收益	10		
二、营业利润（亏损以"—"号填列）	11	58,221.20	
加：营业外收入	12	2,500.00	
其中：非流动资产处置利得	13	20,000.00	
减：营业外支出	14		
其中：非流动资产处置损失	15	40,721.20	
三、利润总额（亏损总额以"—"号填列）	16	17,068.00	
减：所得税费用	17	23,653.20	
四、净利润（净亏损以"—"号填列）	18		
五、其他综合收益的税后净额	19		
（一）以后不能重分类进损益的其他综合收益	20		
1. 重新计量设定受益计划净负债或净资产的变动			
2. 权益法下在被投资单位不能重分类进损益的其他综合收益中享有的份额			
（二）以后将重分类进损益的其他综合收益	21		
1. 权益法下在被投资单位以后将重分类进损益的其他综合收益中享有的份额			
2. 可供出售金融资产公允价值变动损益			
3. 持有至到期投资重分类为可供出售金融资产损益			
4. 现金流经套期损益的有效部分			
5. 外币财务报表折算差额			
六、综合收益总额	22		
七、每股收益：	23		
（一）基本每股收益	24		
（二）稀释每股收益	25		

单位负责人　　　　　会计主管　　　　　复核　　　　　制表

单据 10-5-1　利润表

2017年06月30日损益类科目余额表

科目名称	本期累计借方发生额	本期累计贷方发生额	本年累计借方发生额	本年累计贷方发生额
主营业务收入		350000.00		
主营业务成本	234550.80			
税金及附加	1258.00			
销售费用	20000.00			
管理费用	32320.00			
财务费用	8150.00			
投资收益		15000.00		
其他业务收入		5000.00		
其他业务成本	4500.00			
营业外收入		2500.00		
营业外支出	20000.00			
所得税费用	12930.30.00			

单据10-5-2 损益类科目余额表

【业务 10.5.2】

资产负债表

编制单位：金陵钱多多家具有限公司　　　2011年12月31日　　　会企01表　单位：元

资产	期末余额	年初余额	负债和所有者权益(或股东权益)	期末余额	年初余额
流动资产：			流动负债：		
货币资金	587600.00		短期借款	300000.00	
交易性金融资产	500000.00		交易性金融负债	0.00	
应收票据	15000.00		应付票据	50000.00	
应收账款	391600.00		应付账款	890000.00	
预付账款	0.00		预收账款	0.00	
应收利息	0.00		应付职工薪酬	99000.00	
应收股利	0.00		应交税费	20000.00	
其他应收款	18000.00		应付利息	11000.00	
存货	1305600.00		应付股利	0.00	
一年内到期的非流动资产	0.00		其他应付款	60000.00	
其他流动资产	0.00		一年内到期的非流动负债	0.00	
流动资产合计	2817800.00		其他流动负债	0.00	
非流动资产：			流动负债合计	1370000.00	
可供出售金融资产	0.00		非流动负债：		
持有至到期投资	0.00		长期借款	1600000.00	
长期应收款	0.00		应付债券	0.00	
长期股权投资	500000.00		长期应付款	0.00	
投资性房地产	0.00		专项应付款	0.00	
固定资产原价	150000.00		预计负债	0.00	
减：累计折旧	40000.00		递延所得税负债	0.00	
固定资产净值	1100000.00		其他非流动负债	0.00	
在建工程	2000000.00		非流动负债合计	1600000.00	
工程物资	0.00		负债合计	3030000.00	
固定资产清理	0.00		所有者权益(或股东权益)：		
无形资产	800000.00		实收资本(或股本)	4000000.00	
开发支出	0.00		资本公积	0.00	
商誉	0.00		减：库存股	0.00	
长期待摊费用	100000.00		盈余公积	100000.00	
递延所得税资产	0.00		未分配利润	187800.00	
其他非流动资产	0.00		所有者权益(或股东权益)合计	4287800.00	
非流动资产合计	4500000.00				
资产总计	7317800.00		负债和所有者权益(或股东权益)合计	7317800.00	

单位负责人　　　　会计主管　　　　复核　　　　制表

单据 10-5-3　资产负债表

科目余额表

科目名称及明细名称	借方余额	科目名称及明细名称	贷方余额
库存现金	7600.00	短期借款	300000.00
银行存款	580000.00	应付票据	50000.00
交易性金融资产	500000.00	应付账款	890000.00
应收票据	15000.00	应收款项	
应收账款		应付职工薪酬——工资	90000.00
中岳股份有限公司	200000.00	应付职工薪酬——福利费	9000.00
健祥集团有限公司	260000.00	应交税费	20000.00
南台实业有限公司	0	应付利息	11000.00
坏账准备	8400.00	其他应付款	60000.00
其他应收款	18000.00		
原材料	180000.00	长期借款	1600000.00
周转材料——包装物	30000.00	其中:一年内到期长期借款	1000000.00
周转材料——低值易耗品	50000.00		
库存商品	1045600.00		
长期股权投资	500000.00		
固定资产	1500000.00	实收资本	4000000.00
累计折旧	−400000.00	资本公积	
在建工程	2000000.00	盈余公积	100000.00
无形资产	800000.00	利润分配(未分配利润)	187800.00
长期待摊费用	100000.00		
资产合计	7377800.00	负债和所有者权益合计	7377800.00

制表:

单据 10-5-4　科目余额表

会计仿真实训教程

财务会计实训

会计仿真实训平台项目组　编著

清华大学出版社
北　京

内容简介

本书依据财务会计的岗位任职要求编写,以培养学生的实际操作技能为根本宗旨。本书结合仿真单据和来源于企业的真实业务,将课程的知识点融入实训,业务真实、实操仿真。学习者通过纸质单据开展手工实操,培养财务会计操作技能。

本书适合高职高专财务会计专业学生实训课程使用,也可供会计自学者学习。

本书封面贴有清华大学出版社防伪标签,无标签者不得销售。

版权所有,侵权必究。举报: 010-62782989,beiqinquan@tup.tsinghua.edu.cn。

图书在版编目(CIP)数据

财务会计实训/会计仿真实训平台项目组编著. —北京:清华大学出版社,2018(2025.2重印)
(会计仿真实训教程)
ISBN 978-7-302-49339-6

Ⅰ. ①财… Ⅱ. ①会… Ⅲ. ①财务会计—职业教育—教材 Ⅳ. ①F234.4

中国版本图书馆 CIP 数据核字(2018)第 014841 号

责任编辑:刘士平
封面设计:毛丽娟
责任校对:袁 芳
责任印制:宋 林

出版发行:清华大学出版社
    网 址:https://www.tup.com.cn,https://www.wqxuetang.com
    地 址:北京清华大学学研大厦A座 邮 编:100084
    社 总 机:010-83470000   邮 购:010-62786544
  投稿与读者服务:010-62776969,c-service@tup.tsinghua.edu.cn
    质 量 反 馈:010-62772015,zhiliang@tup.tsinghua.edu.cn
印 装 者:涿州市般润文化传播有限公司
经 销:全国新华书店
开 本:185mm×260mm   总 印 张:34.25   总 字 数:468千字
版 次:2018年10月第1版   印 次:2025年2月第7次印刷
定 价:69.00元(全二册)

产品编号:074163-01

"会计仿真实训教程"编委会

（按姓氏笔画为序）
王金惠（河南牧业经济学院）
王雪垠（郑州财经学院）
李小明（重庆三峡学院）
李佳民（吉林工商学院）
吴　鹤（吉林财经大学）
余　倩（重庆三峡学院）
刘　红（抚顺职业技术学院）
刘　馨（辽阳职业技术学院）
刘晓晖（玉林师范学院）
张　巍（抚顺职业技术学院）
陈东升（湖南信息职业技术学院）
陈思雄（华侨大学）
林冬梅（吉林省经济管理干部学院）
赵晓晨（辽宁轻工职业学院）

前　言

财务会计作为会计的一个重要分支,是会计学科体系中的一个重要组成部分,为辅助财务会计教学,提高学生将所学理论知识运用于会计实务操作的能力,我们编写了《财务会计实训》。"财务会计实训"是会计专业的一门核心专业技能课程,是培养财务专业学生岗位操作能力的综合实践课程,是学生顶岗实习前在校内进行的难得的实训机会。通过实训,可以提高学生对不同会计岗位流程的理解,提高实际操作技能。因而该课程的开设和教学成效,对学生综合能力的提高,能否无缝过渡上岗具有至关重要的作用。

本书以企业的经济活动为例,按照不同会计岗位的要求设计实训项目和任务,素材丰富,实训内容具有实用性和可操作性,并且依据会计核算实务的实际操作流程及财务核算方法进行设置,可以提高学生对会计岗位核算流程的理解,提高实际操作技能。本实训内容有以下三大特点。

(1) 实务分岗。根据企业财务会计岗位分工的实际情况,恰当确定岗位与实务,改变以往的财务会计教材体系,打乱六大会计要素具体内容,重新整合为10个岗位会计实务,作为本书核心内容,并选编了其他实务,使教材的知识业务更加岗位性、实务性、适当拓展性。

(2) 注重实践。本书在有关理论知识的基础上,设计了大量实例,典型实用,贴近实际,重在提高技能。

(3) 跟紧新规。本书依赖和遵守会计和税法的规定及其变化,如会计准则在2014年的修改、税法的营改增、消费税个别税目的调整等,介绍各种业务的处理原则与方法,争取做到"最近""最新"。

本书项目1～项目10为单项实训,实训内容涉及往来会计岗位、材料会计岗位、固定资产会计岗位、投资核算会计岗位、薪酬会计岗位、资本资金会计岗位、费用会计岗位、财务成果核算会计岗位、财务报告和稽核岗位的实训。本书按照由浅入深、先分后总的顺序安排实训业务,教师可依实际教学需求进行取舍,安排实训进度。

通过本书进行真账实操,学生可以熟悉财务岗位之间的协作关系,掌握各岗位的基本技能,从而熟练掌握会计各个岗位的理论知识和操作技能,这将是一次很好的岗前系统指导和训练,对学生实现零距离就业将起到积极作用。

本书及配套实训平台的编写、开发得到了会计专业教师、企业一线会计人员和教育技术人员的大力帮助，在此深表谢意。由于水平有限，书中难免存在疏漏和不足，恳请读者朋友批评、指正。

会计仿真实训平台项目组
2018 年 4 月

目　录

项目1　往来会计岗位实训 ·· 1
 任务1.1　应收账款会计处理 ·· 1
 任务1.2　应收票据会计处理 ·· 2
 任务1.3　其他资金往来业务会计处理(1) ································ 2
 任务1.4　应付账款会计处理 ·· 3
 任务1.5　应付票据会计处理 ·· 3
 任务1.6　其他资金往来业务会计处理(2) ································ 4
 任务1.7　核对往来款项明细账与总账 ···································· 4
 任务1.8　期末往来款项对方单位核对 ···································· 5

项目2　材料会计岗位实训 ·· 7
 任务2.1　材料取得核算(实际成本法) ···································· 7
 任务2.2　材料发出核算(实际成本法) ···································· 9
 任务2.3　材料取得核算(计划成本法) ···································· 9
 任务2.4　材料发出核算(计划成本法) ··································· 10
 任务2.5　周转材料核算 ·· 11
 任务2.6　材料的清查核算 ·· 11
 任务2.7　材料的期末计量与核算 ·· 12

项目3　固定资产会计岗位实训 ·· 13
 任务3.1　外购固定资产核算 ·· 13
 任务3.2　自建固定资产核算 ·· 13
 任务3.3　其他方式取得固定资产的核算 ·································· 14
 任务3.4　固定资产出售的核算 ·· 15
 任务3.5　固定资产报废的核算 ·· 15
 任务3.6　固定资产毁损的核算 ·· 16
 任务3.7　固定资产盘亏的核算 ·· 17
 任务3.8　固定资产折旧的核算 ·· 17
 任务3.9　固定资产期末计价核算 ·· 18

项目 4　投资核算会计岗位实训 …… 19

　　任务 4.1　交易性金融资产（股票投资） …… 19
　　任务 4.2　交易性金融资产（债券投资） …… 19
　　任务 4.3　持有至到期投资（利息按年计提并发放） …… 21
　　任务 4.4　持有至到期投资（利息按年计提一次归还） …… 22
　　任务 4.5　可供出售金融资产（股票投资） …… 22
　　任务 4.6　可供出售金融资产（债券投资） …… 23
　　任务 4.7　长期股权投资取得核算 …… 24
　　任务 4.8　长期股权投资的后续计量（成本法） …… 25
　　任务 4.9　长期股权投资的后续计量（权益法） …… 25
　　任务 4.10　投资核算 …… 27

项目 5　薪酬会计岗位实训 …… 30

　　任务 5.1　工资、奖金、津贴核算 …… 30
　　任务 5.2　工资、奖金、津贴等的账务处理 …… 30
　　任务 5.3　职工福利费的核算 …… 31
　　任务 5.4　社会保险费的核算 …… 31
　　任务 5.5　住房公积金的核算 …… 31
　　任务 5.6　工会经费的核算 …… 32
　　任务 5.7　职工教育经费的核算 …… 32
　　任务 5.8　非货币性福利的核算 …… 32
　　任务 5.9　辞退福利的核算 …… 33
　　任务 5.10　薪酬会计岗位综合实训 …… 33

项目 6　资本资金会计岗位实训 …… 35

　　任务 6.1　短期借款的核算 …… 35
　　任务 6.2　长期借款的核算 …… 36
　　任务 6.3　应付债券的核算 …… 37
　　任务 6.4　吸收直接投资的核算 …… 39
　　任务 6.5　发行股票的核算 …… 39
　　任务 6.6　其他资本资金事项的核算 …… 40
　　任务 6.7　资本资金核算 …… 40

项目 7　费用会计岗位实训 …… 43

　　任务 7.1　管理费用核算 …… 43
　　任务 7.2　外购固定资产核算 …… 44
　　任务 7.3　销售费用核算 …… 44
　　任务 7.4　期间费用核算 …… 45

项目 8　财务成果核算会计岗位实训 ·· 47
　　任务 8.1　外购固定资产核算 ·· 47
　　任务 8.2　营业成本核算 ·· 48
　　任务 8.3　税金及附加的核算 ·· 48
　　任务 8.4　其他与利润相关项目的核算 ··· 49
　　任务 8.5　利润形成核算 ·· 50
　　任务 8.6　利润分配核算 ·· 50

项目 9　财务报告岗位实训 ··· 51
　　任务 9.1　资产负债表的编制 ·· 51
　　任务 9.2　利润表的编制 ·· 51
　　任务 9.3　现金流量表的编制 ·· 51
　　任务 9.4　财务报告 ·· 52

项目 10　稽核岗位实训 ·· 53
　　任务 10.1　原始凭证稽核 ·· 53
　　任务 10.2　记账凭证稽核 ·· 53
　　任务 10.3　明细账稽核 ··· 54
　　任务 10.4　总账稽核 ·· 54
　　任务 10.5　财务报表的稽核 ··· 55

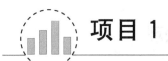

项目 1

往来会计岗位实训

任务 1.1 应收账款会计处理

【业务 1.1.1】

销售家具,折扣后单价为 200 元,款未收到。请根据背景单据(见单据簿中的单据 1-1-1~单据 1-1-3)填写相关凭证(假设这是本期第一张转账凭证)。

【业务 1.1.2】

承接业务 1.1.1,收到前期所欠货款。根据背景单据(见单据簿中的单据 1-1-4)填写相关凭证(假设这是本期第一张收款凭证)。

【业务 1.1.3】

2017 年 1 月 10 日,金陵钱多多家具有限公司销售家具一批,尚未收到货款,对于货款(不含税金)给予"1/10,n/20"的现金折扣条件。请根据背景单据(见单据簿中的单据 1-1-5~单据 1-1-7)编制销售产品的记账凭证(上张转账凭证号为 002)。

【业务 1.1.4】

2017 年 1 月 20 日,收到金陵易能达商贸有限公司归还的前欠货款,确认折扣费用。请填制相关的记账凭证(上张转账凭证号为 003)。

【业务 1.1.5】

2017 年 1 月 19 日,收到前期金陵易能达商贸有限公司所欠货款,本公司给予货款(不含税金)"1/10,n/20"的现金折扣条件,结合上一笔实训以及背景单据(见单据簿中的单据 1-1-8),填写记账凭证(上张银收凭证号为 002,本业务仅做与银行存款相关的凭证)。

【业务 1.1.6】

假设背景现金折扣同业务 1.1.3 一致,但公司于 2017 年 1 月 30 日才收到货款,结合背景单据(见单据簿中的单据 1-1-9)填写相关凭证(上张银收凭证号为 003)。

任务 1.2 应收票据会计处理

【业务 1.2.1】

2017年1月5日，金陵钱多多家具有限公司销售办公桌一批。请根据背景资料编制记账凭证（上张转账凭证号为 004）。见单据簿中的单据 1-2-1～单据 1-2-4。

【业务 1.2.2】

承接业务 1.2.1，2017年3月5日，票据到期，收到货款。请根据背景资料编制记账凭证（上张银收凭证号为 004）。见单据簿中的单据 1-2-5。

【业务 1.2.3】

2017年1月9日，销售办公椅一批，收到对方交来商业承兑汇票（票面利率为 6％）。请根据背景资料编制记账凭证（上张转账凭证号为 004）。见单据簿中的单据 1-2-6～单据 1-2-9。

【业务 1.2.4】

承接业务 1.2.3，2017年4月9日，带息票据到期，根据背景单据填写相关凭证（上张转账凭证号为 006）。见单据簿中的单据 1-2-10。

【业务 1.2.5】

2017年4月9日票据到期，收到货款。根据背景单据填写相关凭证（上张银行收款凭证号为 005）。见单据簿中的单据 1-2-11。

任务 1.3 其他资金往来业务会计处理（1）

【业务 1.3.1】

出差员工报销后，收回 600 元现金，请根据背景单据填制相关凭证（只填写与现金有关的报销后收回现金的凭证，假设这是本期的第一张现收凭证）。见单据簿中的单据 1-3-1。

【业务 1.3.2】

2017年1月31日，金陵钱多多家具有限公司按 5‰ 计提坏账准备。请根据背景资料编制记账凭证（上笔转账凭证号为 007）。见单据簿中的单据 1-3-2。

【业务 1.3.3】

2017年2月2日，金陵钱多多家具有限公司确认坏账损失。请根据背景资料编制记账凭证(上张转账凭证号为008)。见单据簿中的单据1-3-3。

【业务1.3.4】

2017年1月15日,预付货款。请根据背景资料编制记账凭证(假设这是本期第一笔付款业务)。见单据簿中的单据1-3-4和单据1-3-5。

任务1.4　应付账款会计处理

【业务1.4.1】

购买原材料已入库,款未付,请根据背景单据填写相关凭证(上张转账凭证号为009)。见单据簿中的单据1-4-1～单据1-4-3。

【业务1.4.2】

承接业务1.4.1,2017年4月5日,金陵钱多多家具有限公司偿还货款。请根据背景资料编制记账凭证(上张付款凭证号为001)。见单据簿中的单据1-4-4和单据1-4-5。

任务1.5　应付票据会计处理

【业务1.5.1】

2017年2月1日,金陵钱多多家具有限公司采购密度板,开出商业承兑汇票。请根据背景资料编制记账凭证(上期转账凭证号为011)。见单据簿中的单据1-5-1～单据1-5-4。

【业务1.5.2】

业务1.5.1中的应付票据到期,请根据背景单据填写相关凭证(上张付款凭证号为003)。见单据簿中的单据1-5-5。

【业务1.5.3】

根据业务1.5.1和业务1.5.2,若商业承兑汇票年利率为5%。2017年4月1日,票据到期,请根据背景单据编制确认利息费用的记账凭证(上笔转账凭证号为012)。见单据簿中的单据1-5-6。

【业务1.5.4】

承接业务1.5.3,2017年4月1日,金陵钱多多家具有限公司开出的商业承兑汇票到期。请根据背景资料编制记账凭证(上张银付凭证号为004)。见单据簿中的单据1-5-7。

任务 1.6　其他资金往来业务会计处理（2）

【业务 1.6.1】

2017年2月4日，金陵钱多多家具有限公司收到上海美新商贸有限公司的包装物押金，请根据背景资料编制记账凭证（上张银收款凭证号为006）。见单据簿中的单据1-6-1。

【业务 1.6.2】

2017年4月2日，金陵钱多多家具有限公司收到上海美新商贸有限公司预付的货款，请根据背景资料编制记账凭证（上张银收款凭证号为007）。见单据簿中的单据1-6-2。

【业务 1.6.3】

承接业务1.6.2，2017年4月20日，金陵钱多多家具有限公司销售办公桌一批。请根据背景资料编制记账凭证（上张转账凭证号为012）。见单据簿中的单据1-6-3～单据1-6-5。

【业务 1.6.4】

承接业务1.6.2和业务1.6.3，2017年4月20日，金陵钱多多家具有限公司退回多余货款，请根据背景资料编制记账凭证（上张银付凭证号为005）。见单据簿中的单据1-6-6和单据1-6-7。

任务 1.7　核对往来款项明细账与总账

【业务 1.7.1】

2017年3月31日，核对应收账款明细账与总账是否相符。见单据簿中的单据1-7-1～单据1-7-4。

【业务 1.7.2】

2017年3月31日，核对应收票据明细账与总账是否相符。见单据簿中的单据1-7-5～单据1-7-7。

【业务 1.7.3】

2017年3月31日，核对其他应收款明细账与总账是否相符。见单据簿中的单据1-7-8～单据1-7-10。

【业务 1.7.4】

2017年3月31日,核对应付账款明细账与总账是否相符。见单据簿中的单据1-7-11~单据1-7-13。

【业务 1.7.5】

2017年3月31日,核对应付票据明细账与总账是否相符。见单据簿中的单据1-7-14和单据1-7-15。

【业务 1.7.6】

2017年3月31日,核对预收账款明细账与总账是否相符。见单据簿中的单据1-7-16~单据1-7-18。

【业务 1.7.7】

2017年3月31日,核对其他应付款明细账与总账是否相符。见单据簿中的单据1-7-19和单据1-7-20。

任务1.8 期末往来款项对方单位核对

【业务 1.8.1】

2017年3月31日,核对公司应收账款账实是否相符。见单据簿中的单据1-8-1和单据1-8-2。

【业务 1.8.2】

2017年3月31日,核对公司应收票据账实是否相符。见单据簿中的单据1-8-3和单据1-8-4。

【业务 1.8.3】

2017年3月31日,核对公司应付账款账实是否相符。见单据簿中的单据1-8-5和单据1-8-6。

【业务 1.8.4】

2017年3月31日,核对公司应付票据账实是否相符。见单据簿中的单据1-8-7和单据1-8-8。

【业务 1.8.5】

2017年3月31日，核对公司预收账款账实是否相符。见单据簿中的单据1-8-9和单据1-8-10。

【业务 1.8.6】

2017年3月31日，核对公司其他应付款账实是否相符。见单据簿中的单据1-8-11和单据1-8-12。

项目 2

材料会计岗位实训

任务 2.1　材料取得核算（实际成本法）

【业务 2.1.1】

2017 年 4 月 16 日，金陵钱多多家具有限公司采购密度板，货款已付，材料已验收入库。请根据背景资料编制记账凭证（上张通用记账凭证号为 010）。见单据簿中的单据 2-1-1～单据 2-1-4。

【业务 2.1.2】

2017 年 4 月 18 日，金陵钱多多家具有限公司采购密度板，料未到。请根据背景资料编制记账凭证（上张凭证号为 011）。见单据簿中的单据 2-1-5～单据 2-1-7。

【业务 2.1.3】

承接业务 2.1.2，密度板验收入库（实际成本法）。根据相关背景单据填制相关记账凭证（上张凭证号为 012）。见单据簿中的单据 2-1-8。

【业务 2.1.4】

2017 年 4 月 30 日，金陵钱多多家具有限公司收到密度板，但相关凭证未收到，月底进行暂估处理。请根据背景资料编制记账凭证（上张凭证号为 013）。见单据簿中的单据 2-1-9。

【业务 2.1.5】

请做出 2017 年 5 月 1 日冲销上月底暂估入账的记账凭证，上月底暂估入账金额为 30000 元（上张凭证号为 014）。

【业务 2.1.6】

承接业务 2.1.4 和业务 2.1.5，2017 年 5 月 12 日，金陵钱多多家具有限公司收到购货发票，请根据背景资料编制记账凭证（上张凭证号为 015）。见单据簿中的单据 2-1-10 和单据 2-1-11。

【业务 2.1.7】

承接业务 2.1.5 和业务 2.1.6,2017 年 5 月 14 日,金陵钱多多家具有限公司支付货款。请根据背景资料编制记账凭证(上张凭证号为 016)。见单据簿中的单据 2-1-12。

【业务 2.1.8】

2017 年 1 月 11 日,金陵钱多多家具有限公司预付货款,请根据背景资料编制记账凭证(上张凭证号为 017)。见单据簿中的单据 2-1-13。

【业务 2.1.9】

承接业务 2.1.8,2017 年 2 月 18 日,金陵钱多多家具有限公司购入密度板,收到发票,材料尚未入库,货款已预付。请根据背景资料编制记账凭证(采用实际成本法,上张凭证号为 018)。见单据簿中的单据 2-1-14 和单据 2-1-15。

【业务 2.1.10】

承接业务 2.1.8 和业务 2.1.9,2017 年 2 月 20 日,金陵钱多多家具有限公司采购的密度板已验收入库,请根据背景资料编制记账凭证(上张凭证号为 019)。见单据簿中的单据 2-1-16。

【业务 2.1.11】

2017 年 3 月 10 日,上海美新商贸有限公司向金陵钱多多家具有限公司投入一批密度板,双方协议价格 30 万元,协议占其注册资本的 0.6%(金陵钱多多家具有限公司注册资本 5000 万元)。根据背景单据填制相关记账凭证(上张凭证号为 020)。见单据簿中的单据 2-1-17 和单据 2-1-18。

【业务 2.1.12】

2017 年 3 月 18 日,金陵钱多多家具有限公司发出钢铁给长安集团股份有限公司,委托其将钢铁加工成钢铁板,该收回的钢铁板将继续作为原材料。请根据背景资料编制记账凭证(上张凭证号为 021 号)。见单据簿中的单据 2-1-19。

【业务 2.1.13】

承接业务 2.1.12,金陵钱多多家具有限公司 2017 年 3 月 25 日支付加工费和税金(增值税)。所有款项都通过银行存款支付。根据相关背景资料填制相关记账凭证(上张凭证号为 022)。见单据簿中的单据 2-1-20～单据 2-1-22。

【业务 2.1.14】

承接业务 2.1.13,金陵钱多多家具有限公司 2017 年 4 月 16 日收回加工的钢铁板。根据相关背景单据编制相关记账凭证(上张凭证号为023号)。见单据簿中的单据2-1-23。

【业务 2.1.15】

2017年3月17日,金陵钱多多家具有限公司接收帝都谦虚家具有限公司捐赠的密度板一批(作为原料),根据背景单据填制相关记账凭证(上张凭证号为024)。见单据簿中的单据2-1-24和单据2-1-25。

任务 2.2　材料发出核算(实际成本法)

【业务 2.2.1】

2017年6月12日,金陵钱多多家具有限公司第一生产车间领用原材料,请根据背景资料编制记账凭证(上张通用记账凭证号为025)。见单据簿中的单据2-2-1。

【业务 2.2.2】

2017年5月19日,金陵钱多多家具有限公司领用一批办公椅用于职工福利,根据相关背景资料填制相关的记账凭证(上张通用记账凭证号为026)。见单据簿中的单据2-2-2。

【业务 2.2.3】

2017年3月18日,金陵钱多多家具有限公司出售原材料密度板一批,款未收,根据背景资料编制记账凭证(上张通用记账凭证号为018)。见单据簿中的单据2-2-3～单据2-2-5。

【业务 2.2.4】

承接业务2.2.3,2017年3月末结转成本,请根据背景资料填制记账凭证(上张凭证号为019)。见单据簿中的单据2-2-6。

任务 2.3　材料取得核算(计划成本法)

【业务 2.3.1】

2017年3月25日,金陵钱多多家具有限公司购入密度板一批,根据背景资料填制记账凭证(上张凭证号为023,采用计划成本法核算购进原材料)。见单据簿中的单据2-3-1～单据2-3-4。

【业务 2.3.2】

2017年6月16日,金陵钱多多家具有限公司购入材料,货未到。请根据背景资料编制记账凭证(采用计划成本法核算购进材料,上张凭证号为 032 号)。见单据簿中的单据 2-3-5~单据 2-3-7。

【业务 2.3.3】

承接业务 2.3.2,2017 年 6 月 18 日,金陵钱多多家具有限公司采购的材料已经验收入库。请根据背景资料编制记账凭证(上张凭证号为 33 号)。见单据簿中的单据 2-3-8。

【业务 2.3.4】

2017 年 5 月 31 日,金陵钱多多家具有限公司购入作为原料的密度板一批,发票及结算凭证未收到,货款尚未支付,商品已经验收入库。根据相关背景材料,按计划价格暂估应付款项,并填制记账凭证(上张凭证号为 034)。见单据簿中的单据 2-3-9。

【业务 2.3.5】

2017 年 7 月 1 日,冲回上月暂估入账的商品采购,暂估入价 50000 元,请做出账务处理(上张凭证号为 036)。

【业务 2.3.6】

2017 年 6 月 3 日,收到对方开来的发票,根据背景材料填制记账凭证(上张凭证号为 038 号)。见单据簿中的单据 2-3-10~单据 2-3-12。

任务 2.4　材料发出核算(计划成本法)

【业务 2.4.1】

2017 年 3 月 16 日,金陵钱多多家具有限公司第一车间领用原材料。请根据背景资料编制记账凭证(上张凭证号为 026)。见单据簿中的单据 2-4-1。

【业务 2.4.2】

2017 年 3 月 23 日,金陵钱多多家具有限公司第一车间领用原材料。请根据背景资料编制记账凭证(上张凭证号为 035)。见单据簿中的单据 2-4-2。

【业务 2.4.3】

2017 年 3 月 31 日,分配本月发出材料应负担的成本差异,根据背景资料填制记账凭证(上张凭证号为 039,结果保留两位小数)。见单据簿中的单据 2-4-3~单据 2-4-5。

任务 2.5　周转材料核算

【业务 2.5.1】

2017 年 3 月 12 日,购入包装物。请根据背景资料编制记账凭证(上张凭证号为 015)。见单据簿中的单据 2-5-1～单据 2-5-4。

【业务 2.5.2】

2017 年 4 月 14 日,第一生产车间领用包装物(包装物采用一次摊销法),请根据背景资料编制记账凭证(上张凭证号为 010)。见单据簿中的单据 2-5-5。

【业务 2.5.3】

2017 年 4 月 16 日,销售部门领用包装物(此包装物不单独计价,采用一次摊销法)。请根据背景资料填制记账凭证(上张凭证号为 067)。见单据簿中的单据 2-5-6。

任务 2.6　材料的清查核算

【业务 2.6.1】

2017 年 5 月 31 日,金陵钱多多家具有限公司盘存材料,盘盈螺丝价值 2000 元,造成盘存结果的原因未查明,请填制相应的记账凭证(上张凭证号为 040)。

【业务 2.6.2】

承接业务 2.6.1,2017 年 6 月 15 日,金陵钱多多家具有限公司经查明,盘盈的螺丝(价值 2000 元)属于收发时的计量误差所致,经批准冲销企业的管理费用,请填制相关的记账凭证(上张凭证号为 042,原始单据为领导批示文件)。见单据簿中的单据 2-6-1。

【业务 2.6.3】

2017 年 4 月 30 日,金陵钱多多家具有限公司进行本月材料盘存,盘亏高级润滑油价值 1000 元,原因未查明。请编制记账凭证(上张凭证号为 043)。

【业务 2.6.4】

承接业务 2.6.3,2017 年 5 月 11 日,金陵钱多多家具有限公司查明盘亏的高级润滑油属于收发时的计量误差所致(价值 1000 元),经批准列为管理费用。请据此编制记账凭证(上张凭证号为 045,原始单据为领导批示文件)。见单据簿中的单据 2-6-2。

任务 2.7 材料的期末计量与核算

【业务 2.7.1】

2017 年 12 月 31 日,请根据背景资料填制记账凭证(上张凭证号为 056,存货跌价准备账户期初余额为零)。见单据簿中的单据 2-7-1。

【业务 2.7.2】

2017 年 12 月 31 日,转回计提的存货跌价准备。根据背景资料编制记账凭证(上张凭证号为 058)。见单据簿中的单据 2-7-2。

项目 3

固定资产会计岗位实训

任务 3.1　外购固定资产核算

【业务 3.1.1】

2017年1月16日,金陵钱多多家具有限公司购入一台不需要安装的生产设备,已交付车间使用,款项已支付(上张银付凭证号为009)。见单据簿中的单据3-1-1～单据3-1-3。

【业务 3.1.2】

2017年2月15日,金陵钱多多家具有限公司购入一台需要安装的生产设备,货款已经支付。根据背景资料填制记账凭证(上张银付凭证号为014)。见单据簿中的单据3-1-4～单据3-1-6。

【业务 3.1.3】

承接业务3.1.2,2017年2月19日,支付安装费2220元。根据背景资料填制记账凭证(上张银付凭证号为019)。见单据簿中的单据3-1-7和单据3-1-8。

【业务 3.1.4】

承接业务3.1.2和业务3.1.3,2017年2月25日,安装工程完工,交付车间使用。根据背景资料填制记账凭证(上张转账凭证号为025)。

任务 3.2　自建固定资产核算

【业务 3.2.1】

2017年3月份,金陵钱多多家具有限公司自行建造一座厂房,13日购入工程物资一批。根据背景资料填制记账凭证(上张银付凭证号为025)。见单据簿中的单据3-2-1～单据3-2-3。

【业务 3.2.2】

承接业务 3.2.1,2017 年 3 月 15 日,全部领用 13 日购入的工程物资。根据背景资料填制记账凭证(上张转账凭证号为 028)。见单据簿中的单据 3-2-4。

【业务 3.2.3】

承接业务 3.2.2,2017 年 3 月 18 日,领用原材料一批,根据背景资料填制记账凭证(上张转账凭证号为 035)。见单据簿中的单据 3-2-5。

【业务 3.2.4】

承接业务 3.2.3,2017 年 3 月 31 日,结算工程人员工资共 50000 元,根据背景资料填制记账凭证(上张转账凭证号为 038)。见单据簿中的单据 3-2-6 和单据 3-2-7。

【业务 3.2.5】

承接业务 3.2.4,2017 年 4 月 5 日,自建工程验收完工,根据背景资料填制记账凭证(上张转账凭证号为 046)。见单据簿中的单据 3-2-8。

【业务 3.2.6】

2017 年 5 月 10 日,金陵钱多多家具有限公司支付 300000 元的工程款。根据背景资料填制记账凭证(上张银付凭证号为 050)。见单据簿中的单据 3-2-9 和单据 3-2-10。

【业务 3.2.7】

承接业务 3.2.6,2017 年 5 月 20 日,工程完工,补付工程款 200000 元。根据背景资料填制记账凭证(上张银付凭证号为 053)。见单据簿中的单据 3-2-11 和单据 3-2-12。

【业务 3.2.8】

承接业务 3.2.6 和业务 3.2.7,2017 年 5 月 29 日,工程验收合格并交付使用。根据背景资料填制记账凭证(上张转账凭证号为 060)。见单据簿中的单据 3-2-13。

任务 3.3　其他方式取得固定资产的核算

【业务 3.3.1】

金陵钱多多家具有限公司因生产经营需要租入一台生产设备。按租赁设备协议规定,设备租期为 1 年,每月租金 1500 元,于每月 1 日以银行存款支付。2017 年 1 月 1 日租入设备时通过银行支付押金 10000 元。根据背景资料填制记账凭证(上张银付凭证号为 011)。见单据簿中的单据 3-3-1 和单据 3-3-2。

【业务 3.3.2】

承接业务 3.3.1,2017 年 1 月 1 日,支付第一期租金,该固定资产用于生产经营。请根据背景资料填制记账凭证(上张银付凭证号为 013)。见单据簿中的单据 3-3-3~单据 3-3-5。

【业务 3.3.3】

2017 年 6 月 19 日,金陵钱多多家具有限公司接收金陵联发建筑有限公司投资的厂房一间,协议价格为 50000 元,根据背景资料填制记账凭证(上张转账凭证号为 067)。见单据簿中的单据 3-3-6。

任务 3.4　固定资产出售的核算

【业务 3.4.1】

2017 年 4 月 23 日,金陵钱多多家具有限公司出售一幢厂房。该厂房预计使用年限 20 年,尚可使用年限 10 年,原始价值 20 万元,已提折旧 10 万元。请填制厂房转入清理的记账凭证(上张转账凭证号为 068)。

【业务 3.4.2】

承接业务 3.4.1,2017 年 4 月 23 日,金陵钱多多家具有限公司收到销售厂房款,请根据背景资料填制记账凭证(上张银收凭证号为 070)。见单据簿中的单据 3-4-1。

【业务 3.4.3】

2017 年 5 月 1 日,计提增值税(上张转账凭证号为 071)。见单据簿中的单据 3-4-2。

【业务 3.4.4】

2017 年 5 月 1 日,结转固定资产清理,根据业务 3.4.1~业务 3.4.3 的结果填制记账凭证(上张转账凭证号为 074)。

任务 3.5　固定资产报废的核算

【业务 3.5.1】

2017 年 3 月 23 日,金陵钱多多家具有限公司报废一台设备。原始价值:50000 元;已提折旧:45000 元。请填制设备转入清理的记账凭证(上张转账凭证号为 068)。

【业务 3.5.2】

承接业务 3.5.1,2017 年 3 月 24 日,金陵钱多多家具有限公司收到固定资产变卖价款存入银行,根据背景资料填制记账凭证(上张银收凭证号为 070)。见单据簿中的单据 3-5-1。

【业务 3.5.3】

承接业务 3.5.2,2017 年 3 月 24 日,金陵钱多多家具有限公司现金支付设备清理费用 350 元,根据背景资料填制记账凭证(上张现付凭证号为 075)。见单据簿中的单据 3-5-2。

【业务 3.5.4】

2017 年 3 月 24 日,结转固定资产清理损益。根据业务 3.5.1~业务 3.5.3 的结果填制记账凭证(上张转账凭证号为 077)。

任务 3.6 固定资产毁损的核算

【业务 3.6.1】

2017 年 6 月 15 日,金陵钱多多家具有限公司因水灾毁损仓库一幢。原始价值 40 万元;已提折旧 10 万元。请填制记账凭证(上张转账凭证号为 068)。

【业务 3.6.2】

承接业务 3.6.1,2017 年 6 月 15 日,金陵钱多多家具有限公司现金支付清理费用 1000 元(上张现付凭证号为 075)。见单据簿中的单据 3-6-1。

【业务 3.6.3】

承接业务 3.6.2,2017 年 6 月 18 日,仓库毁损清理的残料入库,根据背景资料填制记账凭证(上张转账凭证号为 072)。见单据簿中的单据 3-6-2。

【业务 3.6.4】

承接业务 3.6.3,2017 年 6 月 20 日,收到保险公司的赔偿款。根据背景资料填制相关记账凭证(上张转账凭证号为 079)。见单据簿中的单据 3-6-3。

【业务 3.6.5】

承接业务 3.6.4,2017 年 6 月 20 日,结转固定资产清理损益,请填制记账凭证(上张转账凭证号为 082)。

任务 3.7 固定资产盘亏的核算

【业务 3.7.1】

2017年4月30日,金陵钱多多家具有限公司进行固定资产盘存(造成盘存结果的原因未查明),根据背景资料填制记账凭证(上张转账凭证号为040)。见单据簿中的单据3-7-1。

【业务 3.7.2】

承接业务3.7.1,2017年5月15日,金陵钱多多家具有限公司查明盘亏原因,盘亏的设备(价值500000元)经批准作为企业的营业外支出,请填制记账凭证(上张转账凭证号为042)。见单据簿中的单据3-7-2。

任务 3.8 固定资产折旧的核算

【业务 3.8.1】

2017年1月31日,按直线法计提1月份生产设备折旧额。根据背景资料填制记账凭证(上张转账凭证号为080)。见单据簿中的单据3-8-1。

【业务 3.8.2】

金陵钱多多家具有限公司销售部一辆货运卡车的计提折旧采用的是工作量法。2017年2月份,该卡车行驶里程5000公里。根据背景资料编制2017年2月28日计提折旧的记账凭证(上张转账凭证号为074)。见单据簿中的单据3-8-2。

【业务 3.8.3】

金陵钱多多家具有限公司2016年12月购进的一条生产线采用年数总和法计提折旧。根据背景资料填制2017年1月31日计提1月份折旧的记账凭证(上张转账凭证号为079)。见单据簿中的单据3-8-3。

【业务 3.8.4】

金陵钱多多家具有限公司2015年12月购进一台幻影机(管理部门开会用),采用双倍余额递减法计提折旧,预计使用年限为5年。根据相关背景资料,填制与计提2016年1月份计提折旧相关的记账凭证(上张转账凭证号为83号)。见单据簿中的单据3-8-4。

【业务 3.8.5】

金陵钱多多家具有限公司2015年12月购进一台投影仪(管理部门开会用),采用双倍余额递减法计提折旧,预计使用年限为 5 年。根据背景资料填制 2016 年 1 月 31 日计提 1 月份折旧的记账凭证(上张转账凭证号为 083)。见单据簿中的单据 3-8-5。

任务 3.9　固定资产期末计价核算

【业务 3.9.1】

根据背景资料(2015 年 12 月 31 日的固定资产减值准备计算表)填制记账凭证(假设机床之前未计提过减值准备,上张转账凭证号为 087)。见单据簿中的单据 3-9-1 和单据 3-9-2。

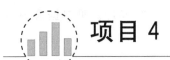

项目 4

投资核算会计岗位实训

任务 4.1 交易性金融资产(股票投资)

【业务 4.1.1】

金陵钱多多家具有限公司购入上海美新商贸有限公司发行的股票(每股价格中包含已宣告但尚未发放的现金股利 0.50 元)。该公司将其划分为交易性金融资产,且持有该公司股权后对其无重大影响。请根据背景单据所记载的经济业务事项编制购买股票时的记账凭证(上张银行付款凭证号为 003)。见单据簿中的单据 4-1-1～单据 4-1-3。

【业务 4.1.2】

承接业务 4.1.1,请根据背景单据所记载的经济业务事项,编制收到股利时的记账凭证(上张银行存款收款凭证号为 015)。见单据簿中的单据 4-1-4 和单据 4-1-5。

【业务 4.1.3】

承接业务 4.1.1 和业务 4.1.2,2017 年 3 月 31 日,上海美新公司的股票价格上涨到 12 元/股,请根据背景资料编制确认股票价格变动时的记账凭证(上张转账凭证号为 024)。见单据簿中的单据 4-1-6 和单据 4-1-7。

【业务 4.1.4】

请根据背景单据所记载的经济业务事项,编制出售股票时的记账凭证(上张银行存款收款凭证号为 032)。见单据簿中的单据 4-1-8 和单据 4-1-9。

任务 4.2 交易性金融资产(债券投资)

【业务 4.2.1】

金陵钱多多家具有限公司从二级市场上购入上海美新发行的债券(含已到付息日但尚未领取的利息 10000 元),另支付交易费见背景单据。该债券面值 500000 元,剩余期限为 2 年,票面利率为 4%,每半年付息一次。该公司将持有的上海美新债券划分为交易性金融资产。请编制相应的记账凭证(上张银行存款付款凭证号为051)。见单据簿中的单据4-2-1~单据4-2-4。

【业务4.2.2】

承接业务4.2.1,请根据背景单据所记载的经济业务事项,编制收到上半年利息10000元时的记账凭证(上张银行存款收款凭证号为046)。见单据簿中的单据4-2-5。

【业务4.2.3】

承接业务4.2.1和业务4.2.2,2017年12月31日,上海美新债券的市价为115元(不含利息)。请根据背景单据编制确认公允价值变动的记账凭证(上张转账凭证号为061)。见单据簿中的单据4-2-6。

【业务4.2.4】

承接业务4.2.1~业务4.2.3,请根据背景单据编制2017年12月31日确认债券利息收入的记账凭证(上张转账凭证号为062)。见单据簿中的单据4-2-7。

【业务4.2.5】

承接业务4.2.1~业务4.2.4,请根据背景单据编制收到2017年下半年利息时的记账凭证(上张银行存款收款凭证号为008)。见单据簿中的单据4-2-8。

【业务4.2.6】

承接业务4.2.1~业务4.2.5,2018年6月30日,上海美新债券的市价为505000元(不含利息)。请根据背景单据编制确认公允价值变动的记账凭证(上张转账凭证号为055)。见单据簿中的单据4-2-9。

【业务4.2.7】

承接业务4.2.1~业务4.2.6,请根据背景单据编制2018年6月30日确认利息收入的记账凭证(上张转账凭证号为056)。见单据簿中的单据4-2-10。

【业务4.2.8】

承接业务4.2.1~业务4.2.7,请根据背景单据编制收到利息时的记账凭证(上张银行存款收款凭证号为048)。见单据簿中的单据4-2-11。

【业务4.2.9】

承接业务4.2.1~业务4.2.8,请根据背景单据编制出售债券时的记账凭证(上张银行存款收款凭证号为065)。见单据簿中的单据4-2-12。

任务 4.3 持有至到期投资（利息按年计提并发放）

【业务 4.3.1】

金陵钱多多家具有限公司购入到期日为 2017 年 1 月 1 日的债券，并计划持有至到期。请根据背景资料编制取得债券时的记账凭证（上张银行存款付款凭证号为 001）。见单据簿中的单据 4-3-1～单据 4-3-3。

【业务 4.3.2】

承接业务 4.3.1，请根据背景资料编制收到债券利息时的记账凭证（上张银行存款收款凭证号为 007）。见单据簿中的单据 4-3-4。

【业务 4.3.3】

承接业务 4.3.1 和业务 4.3.2，请根据背景资料编制 2014 年年底计提本年利息的记账凭证（上张转账凭证号为 095）。见单据簿中的单据 4-3-5。

【业务 4.3.4】

承接业务 4.3.1～业务 4.3.3，请根据背景资料编制收到金山煤业债券 2014 年利息时的记账凭证（上张银行存款收款凭证号为 008）。见单据簿中的单据 4-3-6。

【业务 4.3.5】

承接业务 4.3.1～业务 4.3.4，请根据背景资料编制 2015 年年底计提本年利息的记账凭证（上张转账凭证号为 095）。见单据簿中的单据 4-3-7。

【业务 4.3.6】

承接业务 4.3.1～业务 4.3.5，请根据背景资料编制收到金山煤业债券 2015 年利息时的记账凭证（上张银行存款收款凭证号为 005）。见单据簿中的单据 4-3-8。

【业务 4.3.7】

承接业务 4.3.6，请根据背景资料编制 2016 年年底计提本年利息的记账凭证（上张转账凭证号为 098）。见单据簿中的单据 4-3-9。

【业务 4.3.8】

承接业务 4.3.1～业务 4.3.7，请根据背景资料编制债券到期收到利息和本金时的记账凭证（上张银行存款收款凭证号为 011）。见单据簿中的单据 4-3-10 和单据 4-3-11。

任务 4.4　持有至到期投资（利息按年计提一次归还）

【业务 4.4.1】

金陵钱多多家具有限公司购入金山煤业债券，并计划持有至到期。请根据背景资料编制取得债券时的记账凭证（上张银行存款付款凭证号为 001）。见单据簿中的单据 4-4-1～单据 4-4-3。

【业务 4.4.2】

承接业务 4.4.1，请根据背景资料编制 2014 年年底计提本年利息的记账凭证（上张转账凭证号为 095）。见单据簿中的单据 4-4-4。

【业务 4.4.3】

承接业务 4.4.1 和业务 4.4.2，请根据背景资料编制 2015 年年底计提本年利息的记账凭证（上张转账凭证号为 093）。见单据簿中的单据 4-4-5。

【业务 4.4.4】

承接业务 4.4.1～业务 4.4.3，请根据背景资料编制 2016 年年底计提本年利息的记账凭证（上张转账凭证号为 098）。见单据簿中的单据 4-4-6。

【业务 4.4.5】

承接业务 4.4.1～业务 4.4.4，请根据背景资料编制债券到期收到利息和本金时的记账凭证（上张银行存款收款凭证号为 011）。见单据簿中的单据 4-4-7 和单据 4-4-8。

任务 4.5　可供出售金融资产（股票投资）

【业务 4.5.1】

2017 年 2 月 3 日，金陵钱多多家具有限公司购入上海美新商贸有限公司发行的股票（每股包含已宣告但尚未发放的现金股利 0.5 元），根据理财目标将其划分为可供出售金融资产。请根据背景资料编制购买股票时的记账凭证（上张银行存款付款凭证号为 002）。见单据簿中的单据 4-5-1～单据 4-5-4。

【业务 4.5.2】

承接业务 4.5.1，2017 年 3 月 23 日，金陵钱多多家具有限公司收到股利。请根据背景资料编制收到现金股利时的记账凭证（上张银行存款收款凭证号为 012）。见单据簿中的单据 4-5-5 和单据 4-5-6。

【业务 4.5.3】

承接业务 4.5.1 和业务 4.5.2,2017 年 6 月 30 日,金陵钱多多家具有限公司所持的上海美新商贸有限公司股票市价为每股 5.6 元。请编制金陵钱多多家具有限公司确认股票价格变动的记账凭证(上张转账凭证号为 099)。见单据簿中的单据 4-5-7。

【业务 4.5.4】

承接业务 4.5.1~业务 4.5.3,2017 年 12 月 31 日,金陵钱多多家具有限公司所持的上海美新商贸有限公司股票市价为每股 5.2 元。请编制金陵钱多多家具有限公司确认股票价格变动的记账凭证(上张转账凭证号为 100)。

【业务 4.5.5】

承接业务 4.5.1~业务 4.5.4,2018 年 4 月 21 日,金陵钱多多家具有限公司确认股利收入。请根据背景资料编制记账凭证(上张转账凭证号为 101)。

【业务 4.5.6】

承接业务 4.5.1~业务 4.5.5,2018 年 4 月 29 日,金陵钱多多家具有限公司收到股利。请根据背景资料编制收到上海美新商贸有限公司股利时的记账凭证(上张银行存款收款凭证号为 012)。见单据簿中的单据 4-5-7。

【业务 4.5.7】

承接业务 4.5.1~业务 4.5.6,2018 年 5 月 3 日,金陵钱多多家具有限公司出售股票。请根据背景资料编制记账凭证(上张银行存款收款凭证号为 013)。见单据簿中的单据 4-5-8 和单据 4-5-9。

任务 4.6 可供出售金融资产(债券投资)

【业务 4.6.1】

2017 年 1 月 1 日,金陵钱多多家具有限公司支付价款 10310300 元,购入上海美新商贸有限公司发行的 3 年期公司债券,该债券面值共计 10000000 元,票面利率为 4%,实际利率为 3%,利息每年年末支付,本金到期支付。根据金陵钱多多家具有限公司的理财目标,将该债券归为可供出售金融资产。请根据背景资料编制购买债券时的记账凭证(上张银行存款付款凭证号为 003)。

【业务 4.6.2】

承接业务 4.6.1,2017 年 12 月 31 日,金陵钱多多家具有限公司确认债券利息收入。请编制记账凭证(上张转账凭证号为102)。

【业务 4.6.3】

承接业务 4.6.1 和业务 4.6.2,2017 年 12 月 31 日,金陵钱多多家具有限公司所持的上海美新商贸有限公司债券的市价为 100.3 元。请编制金陵钱多多家具有限公司确认公允价值变动时的记账凭证(上张转账凭证号为 103)。

【业务 4.6.4】

承接业务 4.6.1~业务 4.6.3,2018 年 1 月 3 日,金陵钱多多家具有限公司收到债券利息。请根据背景资料编制记账凭证(上张银行存款收款凭证号为 013)。

【业务 4.6.5】

承接业务 4.6.4,2018 年 1 月 9 日,金陵钱多多家具有限公司出售债券。请根据背景资料编制记账凭证(上张银行存款收款凭证号为 014)。见单据簿中的单据 4-6-1。

任务 4.7 长期股权投资取得核算

【业务 4.7.1】

2017 年 1 月 3 日,金陵钱多多家具有限公司以银行存款作为投资,取得上海美新商贸有限公司 80%的股权,同日上海美新商贸有限公司在金陵投资集团合并财务报表中的净资产账面价值总额为 200 万元。请根据背景资料编制金陵钱多多家具有限公司的记账凭证(金陵钱多多家具有限公司、上海美新商贸有限公司同为金陵投资集团的子公司,上张记账凭证号为 015)。见单据簿中的单据 4-7-1 和单据 4-7-2。

【业务 4.7.2】

2017 年 1 月 6 日,金陵钱多多家具有限公司发行股票取得上海美新商贸有限公司 60%的股权(上海美新商贸有限公司当日净资产账面价值总额为 1300 万元)。请根据背景资料编制金陵钱多多家具有限公司的记账凭证(金陵钱多多家具有限公司、上海美新商贸有限公司同为金陵投资集团的子公司,上张记账凭证号为 032)。见单据簿中的单据 4-7-3。

【业务 4.7.3】

2017 年 2 月 4 日,金陵钱多多家具有限公司以一项专利权向上海美新商贸有限公司投资(假定两家公司不存在关联关系),不考虑相关税费。请根据背景资料编制金陵钱多多家具有限公司的记账凭证(上张记账凭证号为 016)。见单据簿中的单据 4-7-4 和单据 4-7-5。

【业务 4.7.4】

2017 年 3 月 3 日,金陵钱多多家具有限公司从证券市场上购入东方股份有限公司发行的股票(购入股票后,金陵钱多多家具有限公司对东方股份具有重大影响)作为长期股权投资(每股含已经宣告但尚未发放的现金股利0.5元)。请根据背景资料编制金陵钱多多家具有限公司的记账凭证(上张记账凭证号为017)。见单据簿中的单据4-7-6~单据4-7-8。

【业务4.7.5】

2017年3月7日,金陵钱多多家具有限公司发行股票200万股作为对价向南方股份有限公司投资,每股面值为1元,不考虑相关税费。请根据背景资料填制金陵钱多多家具有限公司的记账凭证。见单据簿中的单据4-7-9和单据4-7-10。

任务4.8 长期股权投资的后续计量(成本法)

【业务4.8.1】

2017年1月1日,金陵钱多多家具有限公司购买上海美新商贸有限公司10%的股权,并准备长期持有,采用成本法核算。请根据背景资料编制取得长期股权投资的记账凭证(上张记账凭证号为019)。见单据簿中的单据4-8-1~单据4-8-3。

【业务4.8.2】

承接业务4.8.1,2017年5月2日,上海美新商贸有限公司有限公司宣告分派2016年度现金股利10万元。请编制金陵钱多多家具有限公司确认现金股利的记账凭证(上张记账凭证号为020)。

【业务4.8.3】

承接业务4.8.1和业务4.8.2,2018年5月2日,上海美新商贸有限公司宣告分派2017年度现金股利30万元。请编制金陵钱多多家具有限公司确认现金股利的记账凭证(上张记账凭证号为021)。

任务4.9 长期股权投资的后续计量(权益法)

【业务4.9.1】

2017年1月1日,金陵钱多多家具有限公司以银行存款取得北京鸿荣机械有限公司的部分股权,能够对其施加重大影响,并准备长期持有。请根据背景资料编制金陵钱多多家具有限公司取得长期股权投资的记账凭证(上张记账凭证号为022,北京鸿荣机械有限公司在购买日的公允价值为2500万元)。见单据簿中的单据4-9-1~单据4-9-3。

【业务4.9.2】

2017年1月1日,金陵钱多多家具有限公司与华联商厦股份有限公司签订股权转让协议。2017年1月1日,华联商厦股份有限公司股东权益总额为800万元,其中股本为400万元,资本公积为100万元,未分配利润为300万元(均为2016年度实现的净利润)。请根据背景资料编制2017年1月1日收购股权时的记账凭证(上张记账凭证号为023)。见单据簿中的单据4-9-4~单据4-9-6。

【业务4.9.3】

承接业务4.9.2,2017年5月1日,金陵钱多多家具有限公司确认分配的股利。请根据背景资料编制记账凭证(上张记账凭证号为024)。见单据簿中的单据4-9-7。

【业务4.9.4】

承接业务4.9.3,2017年6月4日,金陵钱多多家具有限公司收到华联商厦股份有限公司现金股利。请根据背景资料编制收到现金股利时的记账凭证(上张记账凭证号为025)。见单据簿中的单据4-9-8。

【业务4.9.5】

承接业务4.9.1~业务4.9.4,2017年6月15日,华联商厦股份有限公司调增资本公积80万元,故金陵钱多多家具有限公司因长期股权投资项目调增资本公积24万元。请编制金陵钱多多家具有限公司按比例调增时的记账凭证(上张记账凭证号为026)。

【业务4.9.6】

承接业务4.9.1~业务4.9.5,2017年12月31日,华联商厦股份有限公司实现净利润400万元,金陵钱多多家具有限公司长期股权投资项目因此事项调增120万元。请编制金陵钱多多家具有限公司确认损益的记账凭证(上张记账凭证号为027)。

【业务4.9.7】

承接业务4.9.2,2017年12月31日,假定华联商厦股份有限公司不分配现金股利并且发生净亏损200万元,金陵钱多多家具有限公司长期股权投资项目因此事项调减60万元。请编制金陵钱多多家具有限公司确认损益的记账凭证(上张记账凭证号为028)。

【业务4.9.8】

承接业务4.9.1~业务4.9.7,2017年12月31日,金陵钱多多家具有限公司计提长期股权投资减值准备22万元。请编制记账凭证(上张记账凭证号为029)。

【业务4.9.9】

承接业务4.9.8,2018年1月5日,金陵钱多多家具有限公司出售长期股权投资。请根据背景资料编制记账凭证(上张记账凭证号为030)。

任务 4.10 投 资 核 算

【业务 4.10.1】

2017年1月1日,金陵钱多多家具有限公司购入到期日为2020年1月1日的金山煤业股份有限公司债券(包含应收未收利息40万元),并计划持有至到期。该债券面值共计1000万元,票面利率为4%,实际利率为5%,利息每年支付一次。请编制取得债券时的记账凭证(上张银行存款付款凭证号为031)。见单据簿中的单据4-10-1。

【业务 4.10.2】

承接业务4.10.1,2017年1月6日,金陵钱多多家具有限公司收到金山煤业股份有限公司债券利息。请根据背景资料编制收到债券利息时的记账凭证(上张银行存款收款凭证号为014)。见单据簿中的单据4-10-2。

【业务 4.10.3】

承接业务4.10.2,2017年12月31日,金陵钱多多家具有限公司确认金山煤业股份有限公司债券本年利息收入。请编制记账凭证(上张转账凭证号为104)。

【业务 4.10.4】

承接业务4.10.3,2018年1月5日,金陵钱多多家具有限公司收到金山煤业股份有限公司债券2017年利息。请根据背景资料编制记账凭证(上张银行存款收款凭证号为015)。见单据簿中的单据4-10-3。

【业务 4.10.5】

2017年4月3日,金陵钱多多家具有限公司购入华发股份有限公司发行的股票(每股包含已宣告但尚未发放的现金股利0.55元),根据理财目标将其划分为可供出售金融资产。请根据背景资料编制购买股票时的记账凭证(上张银行存款付款凭证号为004)。见单据簿中的单据4-10-4。

【业务 4.10.6】

承接业务4.10.5,2017年5月9日,金陵钱多多家具有限公司收到华发股份有限公司的股利。请根据背景资料编制收到现金股利时的记账凭证(上张银行存款收款凭证号为016)。见单据簿中的单据4-10-5。

【业务 4.10.7】

承接业务4.10.5和业务4.10.6,2017年6月30日,华发股份有限公司股票市价为每股6元。请编制金陵钱多多家具有限公司确认股价变动的记账凭证(上张转账凭证号为105)。

【业务4.10.8】

承接业务4.10.5～业务4.10.7,2017年4月21日,华发股份有限公司宣告发放股利,每股派发现金红利0.5元,每10股派发现金红利5元,共发放现金股利2000万元,确认投资收益。请编制金陵钱多多家具有限公司确认股利收入的记账凭证(上张转账凭证号为106)。

【业务4.10.9】

承接业务4.10.8,2017年4月29日,金陵钱多多家具有限公司收到华发股份有限公司股利。请根据背景资料编制记账凭证(上张银行存款收款凭证号为017)。见单据簿中的单据4-10-6。

【业务4.10.10】

2016年12月10日,金陵钱多多家具有限公司与北京东星化工有限公司(两企业无关联方关系)签订股权转让协议。2017年1月1日,北京东星化工有限公司股东权益总额为800万元,其中股本为400万元,资本公积为100万元,未分配利润为300万元(均为2016年度实现的净利润)。请根据背景资料编制2017年1月1日金陵钱多多家具有限公司收购股权时的记账凭证(上张银行存款付款凭证号为005)。见单据簿中的单据4-10-7～单据4-10-9。

【业务4.10.11】

承接业务4.10.10,2018年4月23日,北京东星化工有限公司发布股利分配公告。请根据背景资料编制金陵钱多多家具有限公司确认股利的记账凭证(采用权益法核算,上张转账凭证号为107)。见单据簿中的单据4-10-10。

【业务4.10.12】

承接业务4.10.11,2018年6月4日,金陵钱多多家具有限公司收到北京东星化工有限公司现金股利。请根据背景资料(见单据簿中的单据4-10-11)编制记账凭证(上张银行收款凭证号为018)。

【业务4.10.13】

2018年12月31日,北京东星化工有限公司本年度实现净利润300万元,金陵钱多多家具有限公司的长期股权投资项目因此事项调增90万元。请编制金陵钱多多家具有限公司确认投资收益的记账凭证(上张转账凭证号为108)。

【业务 4.10.14】

2018年3月12日,金陵钱多多家具有限公司购入网达股份有限公司发行的股票(包含已宣告但尚未发放的现金股利0.6元/股及交易费用4240元),并将其划分为交易性金融资产。请根据背景资料(见单据簿中的单据4-10-12)编制购买股票时的记账凭证(上张银行存款付款凭证号为006)。

【业务 4.10.15】

承接业务4.10.14,2018年3月23日,金陵钱多多家具有限公司收到网达股份有限公司的现金股利。请根据背景资料(见单据簿中的单据4-10-13)编制记账凭证(上张银行收款凭证号为019)。

【业务 4.10.16】

承接业务4.10.15,2018年3月31日,网达股份有限公司的股票价格上涨到12元/股。请编制金陵钱多多家具有限公司确认该项交易性金融资产股票价格变动时的记账凭证(上张转账凭证号为109)。

【业务 4.10.17】

承接业务4.10.14~业务4.10.16,2018年4月25日,金陵钱多多家具有限公司将持有的网达股份有限公司股票全部出售。请根据背景资料(见单据簿中的单据4-10-14)编制记账凭证(交易性金融资产需写出明细科目,上张通用记账凭证号为032)。

项目 5

薪酬会计岗位实训

任务 5.1　工资、奖金、津贴核算

【业务 5.1.1】

2017 年 12 月 31 日,填写金陵钱多多家具有限公司 12 月份部分员工的工资表(五险一金的缴费基数为 3400 元)。见单据簿中的单据 5-1-1。

【业务 5.1.2】

请根据背景资料填制工资分配表(本月办公桌♯1 的生产工时是 1200 小时,办公桌♯2 的生产工时是 1500 小时,办公桌♯3 的生产工时是 2000 小时,办公椅的生产工时是 5000 小时;分配率保留 5 位小数,金额保留 2 位小数,尾差计入办公桌♯3 和办公椅)。见单据簿中的单据 5-1-2。

任务 5.2　工资、奖金、津贴等的账务处理

【业务 5.2.1】

2017 年 12 月 31 日,金陵钱多多家具有限公司计提 12 月份工资。请根据背景资料编制记账凭证(生产成本、制造费用明细到车间,凭证号为 141)。见单据簿中的单据 5-2-1。

【业务 5.2.2】

2017 年 12 月 31 日,金陵钱多多家具有限公司确认代扣个人保险费 23760 元,住房公积金 26928 元,个人所得税 1150.08 元。请编制记账凭证(凭证号为 142)。

【业务 5.2.3】

承接业务 5.2.1 和业务 5.2.2,登记应付职工薪酬明细账簿。

【业务 5.2.4】

承接业务 5.2.3,2018 年 1 月 10 日,金陵钱多多家具有限公司签发转账支票支付上月

工资。请根据背景资料编制记账凭证(凭证号为053)。见单据簿中的单据5-2-2。

任务5.3 职工福利费的核算

【业务5.3.1】

2017年4月27日,金陵钱多多家具有限公司以现金支付职工困难补助。请根据背景资料编制记账凭证(凭证号为137)。见单据簿中的单据5-3-1。

【业务5.3.2】

2017年4月30日,金陵钱多多家具有限公司结转本月职工福利费。请根据背景资料编制记账凭证(凭证号为156)。见单据簿中的单据5-3-2。

任务5.4 社会保险费的核算

【业务5.4.1】

2017年3月31日,金陵钱多多家具有限公司缴纳本月社会保险费。请根据背景资料编制记账凭证(凭证号为102)。见单据簿中的单据5-4-1和单据5-4-2。

【业务5.4.2】

请根据背景单据填制2017年3月31日计提社会保险费用时的记账凭证(凭证号为157)。见单据簿中的单据5-4-3。

【业务5.4.3】

2017年3月31日,金陵钱多多家具有限公司从职工工资中代扣本月个人负担的社会保险费。请根据背景资料编制记账凭证(凭证号为158)。见单据簿中的单据5-4-4。

任务5.5 住房公积金的核算

【业务5.5.1】

请根据背景单据填制支付住房公积金时的记账凭证。单位和个人各支付12%(凭证号为098)。见单据簿中的单据5-5-1。

【业务5.5.2】

2017年4月30日,金陵钱多多家具有限公司计提本月单位负担的住房公积金。请根据背景资料编制记账凭证(凭证号为159)。见单据簿中的单据5-5-2。

【业务 5.5.3】

2017 年 4 月 30 日,金陵钱多多家具有限公司从职工工资中代扣本月个人负担的住房公积金。请根据背景资料编制记账凭证(凭证号为 160)。见单据簿中的单据 5-5-3。

任务 5.6　工会经费的核算

【业务 5.6.1】

请根据背景单据填制 2017 年 3 月 31 日计提工会经费的记账凭证(凭证号为 161)。见单据簿中的单据 5-6-1。

【业务 5.6.2】

请根据背景单据填制以银行存款拨付工会经费的记账凭证(凭证号为 162)。见单据簿中的单据 5-6-2。

任务 5.7　职工教育经费的核算

【业务 5.7.1】

请根据背景单据填制 2017 年 3 月 31 日计提职工教育经费的记账凭证(凭证号为 163)。见单据簿中的单据 5-7-1。

【业务 5.7.2】

请根据背景单据填制以银行存款支付员工培训费用时的记账凭证(凭证号为 164)。见单据簿中的单据 5-7-2 和单据 5-7-3。

【业务 5.7.3】

承接业务 5.7.2,2017 年 4 月 30 日,金陵钱多多家具有限公司结转本月职工教育经费,请编制记账凭证(凭证号为 165)。

任务 5.8　非货币性福利的核算

【业务 5.8.1】

请根据背景单据填制 2017 年 4 月 1 日计提非货币性福利时的记账凭证(凭证号为 166)。见单据簿中的单据 5-8-1。

【业务 5.8.2】

请填制 2017 年 4 月 2 日以实物发放职工福利时的记账凭证(凭证号为 167)。

【业务 5.8.3】

请根据背景单据填制 2017 年 4 月 30 日结转发放实物福利成本时的记账凭证(凭证号为 168)。见单据簿中的单据 5-8-2。

任务 5.9　辞退福利的核算

【业务 5.9.1】

2017 年 4 月 21 日,请根据公司裁员计划(详见背景单据)填制计提辞退福利的记账凭证(凭证号为 169)。见单据簿中的单据 5-9-1。

【业务 5.9.2】

请根据背景单据填制支付辞退福利的记账凭证(凭证号为 70)。见单据簿中的单据 5-9-2 和单据 5-9-3。

任务 5.10　薪酬会计岗位综合实训

【业务 5.10.1】

2017 年 10 月 15 日,公司通过银行转账支付三位高管租赁公寓的租金。请根据背景单据填制记账凭证(凭证号为 171)。见单据簿中的单据 5-10-1 和单据 5-10-2。

【业务 5.10.2】

承接业务 5.10.1,2017 年 10 月 31 日,编制结转非货币性福利费用的记账凭证(凭证号为 172)。

【业务 5.10.3】

请根据背景单据填制 2017 年 10 月 15 日支付社会保险费用时的记账凭证(凭证号为 173)。见单据簿中的单据 5-10-3。

【业务 5.10.4】

请根据背景单据填制支付住房公积金时的记账凭证(凭证号为 174)。见单据簿中的单据 5-10-4 和单据 5-10-5。

【业务 5.10.5】

请根据背景单据填制 2017 年 1 月 31 日计提企业承担的社会保险费的记账凭证(凭证号为 175)。见单据簿中的单据 5-10-6。

【业务 5.10.6】

请根据背景单据填制 2017 年 1 月 31 日计提企业承担的住房公积金的记账凭证(上张记账凭证号为 174)。见单据簿中的单据 5-10-7。

【业务 5.10.7】

请根据背景单据填制 2017 年 1 月 31 日计提工会经费的记账凭证(凭证号为 177)。见单据簿中的单据 5-10-8。

【业务 5.10.8】

2017 年 2 月 10 日,请根据背景资料(见单据簿中的单据 5-10-9)填制支付工资的记账凭证(上张凭证号为 178)。

项目 6

资本资金会计岗位实训

任务 6.1 短期借款的核算

【业务 6.1.1】

金陵钱多多家具有限公司与中国银行安平分行签订一份借款合同,该公司制度规定按月计提利息。请根据背景文件与凭证,填制取得借款时的记账凭证(上张凭证号为 178)。见单据簿中的单据 6-1-1。

【业务 6.1.2】

承接业务 6.1.1,登记短期借款明细账簿。

【业务 6.1.3】

承接业务 6.1.1 和业务 6.1.2,2017 年 1 月 31 日,金陵钱多多家具有限公司计提短期借款利息,请根据背景资料编制记账凭证(上张凭证号为 179)。见单据簿中的单据 6-1-2。

【业务 6.1.4】

承接业务 6.1.1~业务 6.1.3,2017 年 2 月 28 日,金陵钱多多家具有限公司计提短期借款利息。请根据背景资料编制记账凭证(上张凭证号为 180)。

【业务 6.1.5】

根据业务 6.1.3 和业务 6.1.4,登记应付利息明细账簿。

【业务 6.1.6】

承接业务 6.1.1~业务 6.1.5,2017 年 4 月 3 日,金陵钱多多家具有限公司支付第一季度短期借款利息。请根据背景资料编制记账凭证(上张凭证号为 181)。见单据簿中的单据 6-1-3。

【业务 6.1.7】

承接业务 6.1.6,2017 年 6 月 30 日,金陵钱多多家具有限公司支付二季度利息和本金。请根据背景资料填制记账凭证(上张凭证号为 182)。见单据簿中的单据 6-1-4 和单据 6-1-5。

任务 6.2 长期借款的核算

【业务 6.2.1】

2017 年 1 月 1 日,金陵钱多多家具有限公司向中国工商银行金陵玄武支行借款 100 万元,用于建造厂房。请根据借款合同填制 2017 年 1 月 1 日取得该长期借款时的记账凭证(上张记账凭证号为 183)。见单据簿中的单据 6-2-1。

【业务 6.2.2】

承接业务 6.2.1,登记长期借款明细账簿。

【业务 6.2.3】

承接业务 6.2.1 和业务 6.2.2,请根据背景单据所记载的经济业务事项编制使用长期借款的记账凭证(上张记账凭证号为 184)。见单据簿中的单据 6-2-2 和单据 6-2-3。

【业务 6.2.4】

承接业务 6.2.1~业务 6.2.3,2017 年 12 月 31 日,计提本年长期借款利息。请根据背景单据编制记账凭证(上张记账凭证号为 185)。见单据簿中的单据 6-2-4。

【业务 6.2.5】

承接业务 6.2.1~业务 6.2.4,请根据背景单据所记载的经济业务事项编制记账凭证(上张记账凭证号为 186)。见单据簿中的单据 6-2-5。

【业务 6.2.6】

承接业务 6.2.1~业务 6.2.5,请根据背景单据所记载的经济业务事项编制记账凭证(上张记账凭证号为 187)。见单据簿中的单据 6-2-6 和单据 6-2-7。

【业务 6.2.7】

承接业务 6.2.1~业务 6.2.6,2018 年 8 月 31 日,该项工程达到预定可使用状态,请根据背景单据编制记账凭证(上张记账凭证号为 188)。见单据簿中的单据 6-2-8。

【业务 6.2.8】

承接业务 6.2.1~业务 6.2.7,请根据背景单据所记载的经济业务事项编制记账凭证(上张记账凭证号为 189)。见单据簿中的单据 6-2-9。

【业务 6.2.9】

承接业务 6.2.1~业务 6.2.8,请根据背景单据所记载的经济业务事项编制记账凭证(上张记账凭证号为 190)。见单据簿中的单据 6-2-10。

【业务 6.2.10】

承接业务 6.2.1~业务 6.2.9,请根据背景单据所记载的经济业务事项编制记账凭证(上张记账凭证号为 191)。见单据簿中的单据 6-2-11 和单据 6-2-12。

任务6.3　应付债券的核算

【业务 6.3.1】

2017 年 1 月 1 日,金陵钱多多家具有限公司经批准发行债券,采用实际利率法确认利息费用(实际利率为 4%)。请根据背景资料编制记账凭证(凭证号为 001,该债券所筹集资金全部用于新生产线的建设,该生产线于 2017 年 6 月 30 日完工交付使用)。见单据簿中的单据 6-3-1 和单据 6-3-2。

【业务 6.3.2】

承接业务 6.3.1,2017 年 6 月 30 日,金陵钱多多家具有限公司计提上半年债券利息(假设不考虑闲置资金的短期投资收益)。请编制记账凭证(上张记账凭证号为 001)。见单据簿中的单据 6-3-3。

【业务 6.3.3】

承接业务 6.3.1 和业务 6.3.2,2017 年 7 月 1 日,金陵钱多多家具有限公司支付上半年债券利息。请根据背景资料编制记账凭证(上张记账凭证号为 002)。见单据簿中的单据 6-3-4 和单据 6-3-5。

【业务 6.3.4】

承接业务 6.3.1~业务 6.3.3,2017 年 12 月 30 日,金陵钱多多家具有限公司计提下半年债券利息。请根据背景资料编制记账凭证(上张记账凭证号为 003)。见单据簿中的单据 6-3-6。

【业务 6.3.5】

承接业务 6.3.1～业务 6.3.4,2017 年 12 月 31 日,金陵钱多多家具有限公司支付下半年债券利息。请根据背景资料编制记账凭证(上张记账凭证号为 004)。见单据簿中的单据 6-3-7 和单据 6-3-8。

【业务 6.3.6】

承接业务 6.3.1～业务 6.3.5,2017 年 12 月 31 日,金陵钱多多家具有限公司支付债券利息和本金。请根据背景资料编制记账凭证(上张记账凭证号为 005)。见单据簿中的单据 6-3-9 和单据 6-3-10。

【业务 6.3.7】

2017 年 1 月 1 日,金陵钱多多家具有限公司经批准发行可转换公司债券。假定公司采用实际利率法确认利息费用,二级市场上与之相似的没有附带转换权的债券市场利率为 6%。请根据背景资料编制发行债券时的记账凭证(上张凭证号为 006,所筹资金当天用于一条生产线的技术改造项目,该技术改造项目于 2017 年 12 月 31 日达到预定可使用状态并交付使用)。(P/F,4%,5)=0.8219,(P/A,4%,5)=4.4518,(P/F,6%,5)=0.7473,(P/A,6%,5)=4.2124。见单据簿中的单据 6-3-11～单据 6-3-13。

【业务 6.3.8】

承接业务 6.3.7,2017 年 12 月 31 日,金陵钱多多家具有限公司计提可转换债券本年利息,全部予以资本化。请编制记账凭证(上张记账凭证号为 007)。见单据簿中的单据 6-3-14。

【业务 6.3.9】

承接业务 6.3.7 和业务 6.3.8,2018 年 1 月 1 日,金陵钱多多家具有限公司支付可转换债券的利息。请根据背景资料编制记账凭证(上张记账凭证号为 008)。见单据簿中的单据 6-3-15 和单据 6-3-16。

【业务 6.3.10】

承接业务 6.3.7～业务 6.3.9,2018 年 1 月 2 日,金陵钱多多家具有限公司可转换公司债券转为普通股。请根据背景资料编制记账凭证(上张记账凭证号为 009)。见单据簿中的单据 6-3-17。

项目6 资本资金会计岗位实训

任务 6.4 吸收直接投资的核算

【业务 6.4.1】

金陵钱多多家具有限公司接收长江投资有限公司投资的现金。请根据背景资料编制其收到投资时的记账凭证(上张记账凭证号为 010)。见单据簿中的单据 6-4-1 和单据 6-4-2。

【业务 6.4.2】

金陵钱多多家具有限公司接收金陵易能达商贸有限公司投资的材料。请根据背景资料编制其收到投资时的记账凭证(上张记账凭证号为 011)。见单据簿中的单据 6-4-3～单据 6-4-5。

【业务 6.4.3】

金陵钱多多家具有限公司接收上海美新商贸有限公司投资的固定资产。请根据背景资料编制其接收投资时的记账凭证(上张记账凭证号为 012)。见单据簿中的单据 6-4-6 和单据 6-4-7。

【业务 6.4.4】

金陵钱多多家具有限公司接收金陵易能达商贸有限公司投资的无形资产。请根据背景资料编制其收到投资时的记账凭证(上张记账凭证号为 013)。见单据簿中的单据 6-4-8 和单据 6-4-9。

任务 6.5 发行股票的核算

【业务 6.5.1】

2017 年 1 月 1 日,金陵钱多多家具有限公司发行股票。请根据背景资料编制发行股票的记账凭证(上张记账凭证号为 014)。见单据簿中的单据 6-5-1 和单据 6-5-2。

【业务 6.5.2】

2017 年 4 月 30 日,金陵钱多多家具有限公司回购股票。请根据背景资料编制回购股票的记账凭证(上张记账凭证号为 015)。见单据簿中的单据 6-5-3～单据 6-5-5。

【业务 6.5.3】

承接业务 6.5.2,编制将回购的股票转销时的记账凭证(上张记账凭证号为 016)。

【业务 6.5.4】

承接业务 6.5.1,2017 年 4 月 30 日,金陵钱多多家具有限公司回购股票。请根据背景资料编制记账凭证(上张记账凭证号为 017)。见单据簿中的单据 6-5-6～单据 6-5-8。

【业务 6.5.5】

请根据业务 6.5.4,编制将回购的股票转销时的记账凭证(上张记账凭证号为 018)。

任务 6.6 其他资本资金事项的核算

【业务 6.6.1】

请根据背景资料编制提取盈余公积金的记账凭证(上张记账凭证号为 019)。见单据簿中的单据 6-6-1。

【业务 6.6.2】

请根据背景资料编制用盈余公积分配股利的记账凭证(上张记账凭证号为 020)。见单据簿中的单据 6-6-2。

【业务 6.6.3】

金陵钱多多家具有限公司的股东为金陵易能达商贸有限公司和上海美新商贸有限公司,持股比例分别为 60% 和 40%。请根据背景资料编制金陵钱多多家具有限公司资本公积转增实收资本时的记账凭证(上张记账凭证号为 021)。见单据簿中的单据 6-6-3。

【业务 6.6.4】

请根据背景资料编制金陵钱多多有限公司减资时的记账凭证(上张记账凭证号为 022)。见单据簿中的单据 6-6-4～单据 6-6-6。

【业务 6.6.5】

请根据背景资料编制金陵钱多多家具有限公司债务转为实收资本时的记账凭证(上张记账凭证号为 023)。见单据簿中的单据 6-6-7。

任务 6.7 资本资金核算

【业务 6.7.1】

2017 年 1 月 1 日,金陵钱多多家具有限公司经批准发行债券,该债券实际利率为年利率5%,债券溢折价采用实际利率法摊销。请根据背景资料编制发行债券时的记账凭证(上张记账凭证号为024)。见单据簿中的单据6-7-1和单据6-7-2。

【业务 6.7.2】

承接业务6.7.1,2017年6月30日,金陵钱多多家具有限公司计提2017年上半年债券利息。请根据背景资料编制记账凭证(上张记账凭证号为025)。见单据簿中的单据6-7-3。

【业务 6.7.3】

承接业务6.7.1和业务6.7.2,2017年7月1日,金陵钱多多家具有限公司支付上半年债券利息。请根据背景资料编制记账凭证(上张记账凭证号为026)。见单据簿中的单据6-7-4和单据6-7-5。

【业务 6.7.4】

承接业务6.7.1~业务6.7.3,2018年12月31日,金陵钱多多家具有限公司支付债券利息和本金。请根据背景资料编制记账凭证(上张记账凭证号为027)。见单据簿中的单据6-7-6和单据6-7-7。

【业务 6.7.5】

2017年1月1日,金陵钱多多家具有限公司与中国工商银行金陵玄武支行签订一份短期借款合同,该公司制度规定按月计提利息。请根据背景资料编制公司2017年1月1日取得短期借款时的记账凭证(上张凭证号为028)。见单据簿中的单据6-7-8。

【业务 6.7.6】

承接业务6.7.5,2017年1月31日,金陵钱多多家具有限公司计提短期借款利息。请根据背景资料编制记账凭证(上张记账凭证号为029)。见单据簿中的单据6-7-9。

【业务 6.7.7】

承接业务6.7.5和业务6.7.6,2017年3月31日,金陵钱多多家具有限公司归还短期借款利息和本金。请根据背景资料编制记账凭证(上张记账凭证号为030)。见单据簿中的单据6-7-10和单据6-7-11。

【业务 6.7.8】

2017年1月1日,金陵钱多多家具有限公司与中国工商银行金陵玄武支行签订一份长期借款合同,借款用于建造厂房。请根据背景资料编制取得借款时的记账凭证(上张记账凭证号为31)。见单据簿中的单据6-7-12。

【业务 6.7.9】

2017年1月1日,金陵钱多多家具有限公司支付工程款,用于建造厂房。请根据背景资料编制记账凭证(上张记账凭证号为032)。见单据簿中的单据6-7-13和单据6-7-14。

【业务 6.7.10】

承接业务6.7.8和业务6.7.9,2017年12月31日,金陵钱多多家具有限公司计提长期借款利息。请根据背景资料编制记账凭证(上张记账凭证号为033)。见单据簿中的单据6-7-15。

【业务 6.7.11】

承接业务6.7.10,2018年12月31日,金陵钱多多家具有限公司支付长期借款利息。请根据背景资料编制记账凭证(上张记账凭证号为034)。见单据簿中的单据6-7-16。

【业务 6.7.12】

2017年8月1日,金陵钱多多家具有限公司为了扩大生产经营,经批准发行普通股。请根据背景资料编制发行股票的记账凭证(上张记账凭证号为035)。见单据簿中的单据6-7-17～单据6-7-19。

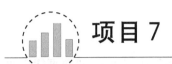

项目 7

费用会计岗位实训

任务 7.1 管理费用核算

【业务 7.1.1】

2017年3月6日,金陵钱多多家具有限公司管理部门报销招待费,请根据背景资料编制记账凭证(凭证号为001)。见单据簿中的单据7-1-1和单据7-1-2。

【业务 7.1.2】

2017年3月16日,金陵钱多多家具有限公司管理部门人员报销差旅费,请根据背景资料编制记账凭证(上张记账凭证号为001)。见单据簿中的单据7-1-3～单据7-1-6。

【业务 7.1.3】

2017年3月19日,金陵钱多多家具有限公司购买办公用品,请根据背景资料编制记账凭证(上张记账凭证号为002)。见单据簿中的单据7-1-7和单据7-1-8。

【业务 7.1.4】

2017年3月31日,金陵钱多多家具有限公司对本企业的无形资产进行摊销(该公司采用直线法进行摊销),请根据背景资料编制记账凭证(上张记账凭证号为003)。见单据簿中的单据7-1-9。

【业务 7.1.5】

2017年3月31日,金陵钱多多家具有限公司编制当月薪酬明细表,其中管理部门工资总额为8000元,请据此填制计提工资的记账凭证(上张记账凭证号为004)。

【业务 7.1.6】

承接业务7.1.5,根据背景单据填制记账凭证(上张记账凭证号为005)。见单据簿中的单据7-1-10。

【业务 7.1.7】

承接业务 7.1.6,根据背景单据填制记账凭证(上张记账凭证号为 006)。见单据簿中的单据 7-1-11。

【业务 7.1.8】

承接业务 7.1.7,根据背景单据填制记账凭证(上张记账凭证号为 007)。见单据簿中的单据 7-1-12。

【业务 7.1.9】

承接业务 7.1.8,根据背景单据填制记账凭证(上张记账凭证号为 008)。见单据簿中的单据 7-1-13。

任务 7.2 外购固定资产核算

【业务 7.2.1】

2017 年 3 月 1 日,金陵钱多多家具有限公司支付电汇手续费 40 元,请编制记账凭证(上张记账凭证号为 009)。

【业务 7.2.2】

2017 年 3 月 12 日,金陵钱多多家具有限公司支付购买支票费用 20 元,请编制记账凭证(上张记账凭证号为 010)。

【业务 7.2.3】

2017 年 3 月 21 日,金陵钱多多家具有限公司收到银行存款利息,请根据背景资料填制记账凭证(上张记账凭证号为 011)。见单据簿中的单据 7-2-1。

【业务 7.2.4】

2017 年 3 月 31 日,金陵钱多多家具有限公司支付银行贷款利息,请根据背景资料编制记账凭证(上张记账凭证号为 012)。见单据簿中的单据 7-2-2。

任务 7.3 销售费用核算

【业务 7.3.1】

2017 年 3 月 2 日,金陵钱多多家具有限公司支付广告费,请根据背景资料填制记账凭证(上张记账凭证号为013)。见单据簿中的单据7-3-1～单据7-3-3。

【业务7.3.2】

2017年3月3日,金陵钱多多家具有限公司销售领用包装物(包装物采用一次摊销法),不单独计价。请根据背景资料编制记账凭证(上张记账凭证号为014)。见单据簿中的单据7-3-4。

【业务7.3.3】

2017年3月5日,金陵钱多多家具有限公司支付展览费。请根据背景资料编制记账凭证(上张记账凭证号为015)。见单据簿中的单据7-3-5～单据7-3-7。

【业务7.3.4】

2017年3月31日,计提销售部门工资(合计金额80000元),请填制记账凭证(上张记账凭证号为017)。

【业务7.3.5】

2017年3月31日,计提销售部门的工会经费,根据背景单据填制记账凭证(上张记账凭证号为018)。见单据簿中的单据7-3-8。

【业务7.3.6】

2017年3月31日,计提销售人员的职工教育经费,根据背景单据填制记账凭证(上张记账凭证号为019)。见单据簿中的单据7-3-9。

【业务7.3.7】

2017年3月31日,计提销售人员的福利费,根据背景单据填制记账凭证(上张记账凭证号为020)。见单据簿中的单据7-3-10。

任务7.4 期间费用核算

【业务7.4.1】

2017年3月6日,金陵钱多多家具有限公司管理部门报销招待费,请根据背景资料编制记账凭证(上张记账凭证号为021)。见单据簿中的7-4-1和单据7-4-2。

【业务7.4.2】

2017年3月9日,金陵钱多多家具有限公司购买办公用品。请根据背景资料编制记账凭证(上张记账凭证号为022)。见单据簿中的单据7-4-3和单据7-4-4。

【业务 7.4.3】

2017年3月31日,金陵钱多多家具有限公司计提本月用于办公的房屋的折旧(折旧方法为直线法),请根据背景资料编制计提本月折旧的记账凭证(上张记账凭证号为023)。见单据簿中的单据7-4-5。

【业务 7.4.4】

2017年3月31日,金陵钱多多家具有限公司摊销当月公司专利权,请根据背景资料编制记账凭证(上张记账凭证号为025)。见单据簿中的单据7-4-6。

【业务 7.4.5】

2017年3月31日,金陵钱多多家具有限公司支付银行贷款利息,请根据背景资料编制记账凭证(上张记账凭证号为024)。见单据簿中的单据7-4-7。

【业务 7.4.6】

2017年3月31日,金陵钱多多家具有限公司支付购买支票费用,请根据背景资料填制记账凭证(上张记账凭证号为026)。见单据簿中的单据7-4-8。

【业务 7.4.7】

2017年3月31日,金陵钱多多家具有限公司支付广告费,请根据背景资料填制记账凭证(上张记账凭证号为027)。见单据簿中的单据7-4-9~单据7-4-11。

【业务 7.4.8】

2017年3月31日,金陵钱多多家具有限公司支付展览费。请根据背景资料编制记账凭证(上张记账凭证号为028)。见单据簿中的单据7-4-12~单据7-4-14。

项目 8

财务成果核算会计岗位实训

任务 8.1 外购固定资产核算

【业务 8.1.1】

根据背景合同,该家具成本为 156 万元,在现销方式下销售价格为 160 万元。金陵钱多多家具有限公司在发出商品时开出增值税专用发票,注明的增值税税额为 34 万元,并于当天收到增值税税额 34 万元。请根据背景资料填制记账凭证(上张记账凭证号为 010)。见单据簿中的单据 8-1-1~单据 8-1-3。

【业务 8.1.2】

销售一批原材料给金陵易能达商贸有限公司,增值税发票已开出,款项已经通过银行到账,请根据背景资料填制记账凭证(上张记账凭证号为 011)。见单据簿中的单据 8-1-4 和单据 8-1-5。

【业务 8.1.3】

2017 年 4 月 21 日,公司将专利权出租给金陵易能达商贸有限公司,每年租金 3000 元,于当日收到第一年租金,假设不考虑税金影响。根据背景资料填制记账凭证(假设上张凭证号为 012)。见单据簿中的单据 8-1-6 和单据 8-1-7。

【业务 8.1.4】

销售家具给金陵易能达商贸有限公司,款项收到,根据背景资料填制记账凭证(上张记账凭证号为 013)。见单据簿中的单据 8-1-8 和单据 8-1-9。

【业务 8.1.5】

销售商品给金陵日精进商贸有限公司,发票已开出,款项尚未收到。根据背景资料填制记账凭证(上张记账凭证号为 014)。见单据簿中的单据 8-1-10。

【业务 8.1.6】

2016 年 6 月 24 日,金陵钱多多家具有限公司发出商品,开具增值税专用发票,款项于

6月21日已经到账。根据背景资料填制记账凭证（上张通用凭证号为015）。见单据簿中的单据8-1-11。

任务8.2 营业成本核算

【业务8.2.1】

2017年3月31日，结转出售原材料乳胶的成本。根据背景资料填制记账凭证（上张记账凭证号为020）。见单据簿中的单据8-2-1。

【业务8.2.2】

3月31日，结转销售家具的成本。根据背景资料，填制记账凭证（上张记账凭证号为021）。见单据簿中的单据8-2-2。

【业务8.2.3】

2017年3月31日，无形资产用于出租，计提该无形资产摊销额，摊销一个季度的金额400元，根据背景资料，填制记账凭证（上张记账凭证号为022）。见单据簿中的单据8-2-3。

【业务8.2.4】

2017年4月30日，结转销售原材料成本。根据背景资料填制记账凭证（上张记账凭证号为023）。见单据簿中的单据8-2-4。

任务8.3 税金及附加的核算

【业务8.3.1】

2017年2月21日，销售轿车给金陵宏鑫实业有限公司，请根据背景资料填制与计提消费税相关的记账凭证（上张记账凭证号为026）。见单据簿中的单据8-3-1。

【业务8.3.2】

2017年6月30日，计提城市维护建设税，根据背景资料填制记账凭证（上张记账凭证号为028）。见单据簿中的单据8-3-2。

【业务8.3.3】

2017年6月30日，计提教育费附加，根据背景资料填制记账凭证（上张记账凭证号为029）。见单据簿中的单据8-3-3。

任务8.4 其他与利润相关项目的核算

【业务8.4.1】

2017年1月31日,报废一台设备,请根据背景资料做出仅结转固定资产清理损益的账务处理(上张记账凭证号为049)。见单据簿中的单据8-4-1。

【业务8.4.2】

2017年5月30日,向红十字会捐款,请根据背景资料填制记账凭证(上张记账凭证号为050)。见单据簿中的单据8-4-2和单据8-4-3。

【业务8.4.3】

2017年6月15日,金陵钱多多家具有限公司收到先征收后返还的增值税返还款10万元,请根据背景资料填制记账凭证(上张记账凭证号为051)。见单据簿中的单据8-4-4。

【业务8.4.4】

2017年6月30日,金陵易能达商贸有限公司上半年实现净利润400万元。根据背景资料填制记账凭证(上张记账凭证号为052)(采用权益法进行核算)。见单据簿中的单据8-4-5。

【业务8.4.5】

2017年6月30日,上海美新商贸有限公司上半年不分配现金股利并且发生净亏损200万元。根据背景资料填制记账凭证(上张记账凭证号为053)。见单据簿中的单据8-4-6。

【业务8.4.6】

2017年6月30日,金陵钱多多家具有限公司对上海美新商贸有限公司投资预计可收回金额为272万元,账面价值294万元,请根据背景资料填制记账凭证(上张记账凭证号为054)。见单据簿中的单据8-4-7。

【业务8.4.7】

2017年6月30日,计提企业所得税。请根据背景资料填制记账凭证(上张记账凭证号为055)。见单据簿中的单据8-4-8。

任务 8.5 利润形成核算

【业务 8.5.1】

2017 年 12 月 31 日,金陵钱多多家具有限公司结转收益类账户。请根据背景资料编制记账凭证(上张记账凭证号为 060)。见单据簿中的单据 8-5-1。

【业务 8.5.2】

2017 年 12 月 31 日,金陵钱多多家具有限公司结转成本类(不含期间费用)账户。请根据背景资料编制记账凭证(上张记账凭证号为 061)。见单据簿中的单据 8-5-1。

【业务 8.5.3】

2017 年 12 月 31 日,金陵钱多多家具有限公司结转期间费用类账户。请根据背景资料编制记账凭证(上张记账凭证号为 062)。见单据簿中的单据 8-5-1。

【业务 8.5.4】

2017 年 12 月 31 日,金陵钱多多家具有限公司结转本年利润账户。请根据背景资料编制记账凭证(上张记账凭证号为 063)。见单据簿中的单据 8-5-1。

任务 8.6 利润分配核算

【业务 8.6.1】

2017 年 12 月 31 日,金陵钱多多家具有限公司本年度实现的税后利润为 150 万元,该公司决定按 10% 的比例提取法定盈余公积金,请编制记账凭证(上张记账凭证号为 070)。

【业务 8.6.2】

2017 年 12 月 31 日,金陵钱多多家具有限公司本年度实现的税后利润为 150 万元,该公司决定按 5% 的比例提取任意盈余公积金,请编制记账凭证(上张记账凭证号为 071)。

【业务 8.6.3】

2017 年 12 月 31 日,金陵钱多多家具有限公司股东会决议分配股利,请编制记账凭证(上张凭证号为 072)。见单据簿中的单据 8-6-1。

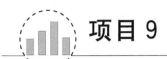

项目 9

财务报告岗位实训

任务 9.1 资产负债表的编制

【业务 9.1.1】

2017 年 12 月 31 日,根据背景资料编制资产负债表。见单据簿中的单据 9-1-1 和单据 9-1-2。

【业务 9.1.2】

2017 年 12 月 31 日,根据背景资料编制资产负债表(不考虑期初余额)。见单据簿中的单据 9-1-3。

任务 9.2 利润表的编制

【业务 9.2.1】

2017 年 12 月 31 日,根据背景资料编制利润表(暂不考虑上期金额)。见单据簿中的单据 9-2-1。

【业务 9.2.2】

2017 年 12 月 31 日,根据背景资料编制利润表(暂不考虑上期金额)。见单据簿中的单据 9-2-2。

任务 9.3 现金流量表的编制

【业务 9.3.1】

2017 年 12 月 31 日,根据背景资料编制现金流量表的部分项目。见单据簿中的单据 9-3-1~单据 9-3-3。

任务9.4 财务报告

【业务9.4.1】

2017年12月31日,根据背景资料编制资产负债表(假设金陵钱多多家具有限公司无2017年度资产负债表日后事项)。见单据簿中的单据9-4-1~单据9-4-3。

【业务9.4.2】

承接业务9.3.1和业务9.4.1,请根据背景资料与前面的资产负债表及利润表编制金陵钱多多家具有限公司2017年度现金流量表的部分项目。见单据簿中的单据9-4-4和单据9-4-5。

项目 10

稽核岗位实训

任务 10.1　原始凭证稽核

【业务 10.1.1】

请根据后附发票检查差旅费报销单的填制是否正确。见单据簿中的单据 10-1-1～单据 10-1-4。

【业务 10.1.2】

请在下列单据中指出哪张原始凭证是真实完整的。见单据簿中的单据 10-1-5～单据 10-1-8。

【业务 10.1.3】

请指出下列单据是否正确(答案用"是"或者"否"来表示)？见单据簿中的单据 10-1-9～单据 10-1-12。

【业务 10.1.4】

审核增值税专用发票和入库单是否相符(金陵钱多多家具有限公司为一般纳税人,增值税允许抵扣)。见单据簿中的单据 10-1-13 和单据 10-1-14。

【业务 10.1.5】

审核增值税专用发票和销售单是否相符。见单据簿中的单据 10-1-15 和单据 10-1-16。

任务 10.2　记账凭证稽核

【业务 10.2.1】

金陵钱多多家具有限公司的总账会计根据原始凭证审核往来会计的记账凭证填制是否正确；若不正确,请填制正确的记账凭证。见单据簿中的单据 10-2-1～单据 10-2-4。

【业务 10.2.2】

请根据后附原始凭证判断记账凭证的填制是否正确。见单据簿中的单据 10-2-5～单据 10-2-8。

【业务 10.2.3】

金陵钱多多家具有限公司的总账会计根据原始凭证审核存货会计的记账凭证填制是否正确；如不正确，请填制正确的记账凭证。见单据簿中的单据 10-2-9 和单据 10-2-10。

任务 10.3　明细账稽核

【业务 10.3.1】

根据记账凭证判断"应收账款——上海美新商贸有限公司"明细账的登记是否正确（上年结转余额为 0）。见单据簿中的单据 10-3-1～单据 10-3-3。

【业务 10.3.2】

请根据原始凭证判断"原材料——密度板"明细账的登记是否正确。若不正确，请登记正确的明细账。见单据簿中的单据 10-3-4～单据 10-3-8。

【业务 10.3.3】

请根据记账凭证判断"应付账款——金陵积善行商贸有限公司"明细账的登记是否正确。若不正确，请登记正确的明细账。见单据簿中的单据 10-3-9～单据 10-3-13。

【业务 10.3.4】

请根据记账凭证判断"预收账款——金陵易能达商贸有限公司"明细账的登记是否正确（承前页为借方发生额 27000 元，贷方发生额 27000 元，余额 0 元）。见单据簿中的单据 10-3-14～单据 10-3-17。

任务 10.4　总　账　稽　核

【业务 10.4.1】

根据明细账判断应收账款总账的登记是否正确。见单据簿中的单据 10-4-1～单据 10-4-4。

【业务 10.4.2】

根据明细账判断其他应收款总账的登记是否正确。若不正确，请登记正确的总账。见单据簿中的单据 10-4-5～单据 10-4-7。

【业务 10.4.3】

根据明细账判断应付账款总账的登记是否正确。若不正确,请登记正确的总账。见单据簿中的单据 10-4-8～单据 10-4-10。

【业务 10.4.4】

根据明细账判断其他应付款总账的登记是否正确。见单据簿中的单据 10-4-11 和单据 10-4-12。

【业务 10.4.5】

根据明细账判断销售费用总账的登记是否正确。见单据簿中的单据 10-4-13 和单据 10-4-14。

任务 10.5 财务报表的稽核

【业务 10.5.1】

根据损益类科目余额表判断利润表的编制是否正确。若不正确,请编制正确的利润表。见单据簿中的单据 10-5-1 和单据 10-5-2。

【业务 10.5.2】

根据科目余额表判断资产负债表的编制是否正确。若不正确,请编制正确的资产负债表。见单据簿中的单据 10-5-3 和单据 10-5-4。